丛书主编　陆薇薇

从消费社会
到格差社会

消費社会から格差社会へ

[日]上野千鹤子　[日]三浦展　著

任佳韫　译

ZHEJIANG UNIVERSITY PRESS
浙江大学出版社
·杭州·

图书在版编目（CIP）数据

从消费社会到格差社会 / (日) 上野千鹤子, (日) 三浦展著 ; 任佳韫译. -- 杭州：浙江大学出版社，2024.8
ISBN 978-7-308-24806-8

Ⅰ. ①从… Ⅱ. ①上… ②三… ③任… Ⅲ. ①阶级差别—研究—日本—现代 Ⅳ. ①D731.361

中国国家版本馆CIP数据核字（2024）第071696号

SHOUHISHAKAI KARA KAKUSASHAKAI HE
by CHIZUKO UENO and ATSUSHI MIURA
Copyright © 2007 CHIZUKO UENO and ATSUSHI MIURA
Original Japanese edition published by KAWADE SHOBO SHINSHA Ltd. Publishers
All rights reserved.
Chinese (in Simplified character only) translation copyright © 2024 by Zhejiang
University Press Co., Ltd.
Chinese (in Simplified character only) translation rights arranged with
KAWADE SHOBO SHINSHA Ltd. Publishers through BARDON CHINESE CREATIVE
AGENCY LIMITED, Hong Kong.
浙江省版权局著作权合同登记图字：11—2024—197号

从消费社会到格差社会

［日］上野千鹤子　　［日］三浦展　著　任佳韫　译

责任编辑	谢　焕
责任校对	朱卓娜
装帧设计	云水文化
出版发行	浙江大学出版社
	（杭州天目山路148号　邮政编码：310007）
	（网址：http://www.zjupress.com）
排　　版	浙江大千时代文化传媒有限公司
印　　刷	杭州钱江彩色印务有限公司
开　　本	880mm × 1230mm　1/32
印　　张	7.25
字　　数	212千
版 印 次	2024年8月第1版　2024年8月第1次印刷
书　　号	ISBN 978-7-308-24806-8
定　　价	58.00元

译者序

　　初识上野千鹤子教授是 2019 年她来东南大学日语系集中授课的时候，其间她还为东大师生做了一场公开学术讲座，彼时能容纳三百多人的报告厅爆满，连讲坛前的地上和过道上都坐满了人。除本校师生外，许多校外人士也慕名而来。此后，我又陪同她赴西安和哈尔滨的高校做学术演讲，与上野教授近身相处十余天，深深为其渊博的见识和人格魅力所折服，于是便开始参与上野著作的译介工作，并于 2021 年主译出版了《一个人最后的旅程》，这部译作于 2022 年获得了第十七届文津图书奖。近年来我在遍读上野著作的过程中，发现《从消费社会到格差社会》这本书非常有趣，便想翻译出来以飨读者。

　　《从消费社会到格差社会》是三浦展与上野千鹤子的对

谈录。三浦展是知名的研究消费理论的社会学家，而上野千鹤子既是女性主义学者，又是社会学学者，两位大家的对谈录虽然初版于 2007 年，但十余年后的今天读来依然令人获益良多。

"自三浦展先生的名字出现在媒体界时起，我就在关注他了。他有着超乎常人的社会学的想象力。"不难推测，作为社会学家的上野千鹤子对三浦展所抱有的这种印象，是促成二人对谈的契机之一。三浦展不但是畅销书《下流社会》（2005年出版）的作者，还曾经多年担任市场信息杂志 ACROSS 的主编，而上野正是该杂志的忠实读者。她这样评价该杂志："ACROSS 的信息处理技术非常了不起，每一期都保持着高质量的制作水平。"而三浦在本书开篇写道，与上野的"相遇"是通过三个要素才得以实现的，其中最主要的一个就是他自己负责编辑的杂志 ACROSS。可见，这两位学者的会面是冥冥中注定，且是水到渠成的结果。

在本书的第一部中，上野和三浦主要围绕格差社会和消费社会展开了对话。日本在 20 世纪 60 年代经过高速经济成长之后，到了 70 年代已经成为"一亿人口皆中流"的社会，即大部分国民认为自己属于中流阶层。三浦在《下流社会》一书中曾说过，如今的日本社会，无论在个人收入还是学历上，国民之间的差距都在扩大，日本正从"中流社会"变为"下流社会"，即格差社会。至于是何时开始出现了这样的阶层分化，在对谈中，上野犀利地指出，阶层分化并不是因为小泉纯一郎政权时代推行新自由主义改革才发生的，而是早在20世纪80年代就初见端倪了，只是在90年代泡沫经济崩溃后愈发明显了而已。三浦认为，在当今的日本，男性与女性之间的阶层差距虽然缩小了，但是同性之间的收入差距扩大了。上野一针见血地指出：人们意识到格差社会的问题，是因为男性之间的差距成了社会问题。男女之间差距明显的时候，格差社会被隐藏在社会性别背后，甚至没有人将其称为"格差"。作为女性主义学者的上野一语道破了女性长期以来受到的不公正对待。

众所周知，日本在20世纪80年代进入"高度消费社会"，国民收入水平和储蓄率普遍在较高水平，人们的购买欲旺盛，海外旅行兴盛。而上野认为，这一时期消费的主要贡献者是以"花子世代"[1]（1959—1964年出生的人）为代表的女性。上野同时指出，与欧洲女性通过参加生产活动实现自我价值不同，80年代日本的女性选择了"消费"这一途径，也因此造就了日本消费文化的鼎盛。三浦则认为，当下的时代已经很难再通过消费实现自我价值了，有些人开始寻求消费以外的东西，或许这才叫"寻找自我"。

第二部的关键词是"团块"，包括"团块一代"、"团块二代"及"后团块二代"。在日本，"团块一代"被视为20世纪60年代中期推动日本经济腾飞的主力军，他们大都拥有坚实的经济基础，一直是最引人关注的消费群体。但作为"团块一代"的上野却指出，虽然"团块一代"的学历和经济阶层都要高于自己的父辈，实现了集体的阶层跳跃，但这并不是他们自己的功劳，而只是赶上了好时候而已。三浦则认为，虽然统称为"团块一代"，但这个群体中存在着很大的个体差异。"团块一代"中有高学历的精英人士，也有只读到初中或高中的人；他们年轻时有人参加了学生运动，有人却对政治毫不关心。可以看出，两位学者打破了人们对于"团块一代"的固有印象。

三浦同时指出，"团块一代"本身一直没有发生什么变化，而他们的孩子，即"团块二代"却发生了翻天覆地的变化。他们中很多人成为自由职业者、尼特族[2]，而且与父辈不同，他们害怕表现自己，更愿意从众。"团块二代"对异性的热情不高，喜欢宅在家里，这也带来了结婚比例的下降。至于"花子世代"的孩子，即"后团块二代"，上野认为他们对未来抱有很深的忧虑，与人沟通的能力和抗压能力都很差，不过这是多方面的原因造成的。

第三部中，两人的对话围绕三浦曾经就职的公司——PARCO 和上野曾参与编写其公司史的 SAISON 集团展开。虽然 SAISON 集团旗下的西武是 PARCO 的母公司，但 PARCO与 SAISON 的经营风格截然不同。上野在对谈的最后说道："从结论来说，令我最受震撼的广告和企业，都不是来自SAISON，而是 PARCO。" PARCO 作为 20 世纪 80 年代高度消费社会的最前沿，无论是其制作的广告还是出版的作品，在上野看来都是极具魅力的。实际上，三浦之所以选择入职

PARCO，也是源于它的一条广告。进入 PARCO 之后，三浦阴差阳错地被分配到了 ACROSS 编辑部，在这里他学会了运用独特的信息处理技术，制作出高质量的市场信息杂志——*ACROSS*。三浦在对谈中说，自己现在的根基是在 *ACROSS* 打下的，是在"PARCO 大学"读的博士课程。上野在对谈之后写道，自己的信息处理方面的技术都是在京都的智库公司做兼职时学到的，在那里的经历让她彻底地懂得了产出的信息成果可以成为"商品"。如今，上野无论作为女性主义学者还是社会学学者都声名远扬，而三浦作为研究市场和消费的营销专家功成名就，二人看似不同的人生却也有着共通之处。

纵观二人的对谈，上野和三浦作为历史的见证人回溯了日本从"消费社会"到"格差社会"的转变，对格差社会中存在的各种问题也多有触及，二人的观点对当下日本社会的不同阶层如何在格差社会中找到"自我"仍富有启示意义。

本书从着手翻译到付梓出版，历时近两年。在翻译本作品的过程中，得到了同事魏金美老师、研究生冯传俊同学等的热心帮助；同时，浙江大学出版社的谢焕老师对本书的翻译出版更是给予了大力支持，在此一并表示衷心感谢。

任佳韫

2004 年 1 月于东南大学

与『性感女孩』的邂逅

三浦展

　　1982 年，我入职株式会社 PARCO。PARCO 是一家主打年轻人时尚消费的名企，在涩谷等地设有购物中心。我本来是希望成为美术书的编辑或是做文化活动的策划，却被公司分到了市场信息杂志 *ACROSS* 的编辑部工作。这也基本上决定了我之后的人生。

　　本人曾非常认真地学习过社会学，正如在与上野千鹤子女士的对谈中所言，在我看来，无论是 PRACO 门店还是 *ACROSS* 杂志，其中关于大众与流行的话语都有些"不正常"。按照 PARCO 的说法，现代的消费者不再是一味地听从企业广告或媒体宣传的消极被动的存在，而是积极打造流行的群体。

在 PARCO，我每天都会接触到这种令我觉得匪夷所思的言论。

进入 PARCO 后不久的某天早上，我像往常一样查阅当天的报纸时，一则关于名为《性感女孩大研究》（光文社，1982 年）的书籍推送广告映入我的眼帘。奇特的书名让我非常好奇：这到底是怎样的一本书呢？栗本慎一郎[3]及山口昌男[4]为这本书写了推荐文章。读了文章后我意识到，书中讲述的才女非我之类所能应对。《性感女孩大研究》一书的作者便是上野千鹤子。

我旋即建议编辑部买到了这本书。我的上司告诉我上野千鹤子其实是 ACROSS 杂志的读者之一。那个时候除了 PRACO 内部人员之外，读 ACROSS 的人不过 300 人左右，而其中竟然包括一位知名的女性主义者，这令我讶然。当年时任 PARCO 专务董事的增田通二先生有个习惯，他只要有空就会到公司各部门转转，与员工随意地闲聊。一天，增田先生来到编辑部，以他一贯轻松的口吻问道："这本书，怎么样啊？"他似乎也很感兴趣。

此后，我读了很多上野千鹤子女士的著作。为什么读她的书，我自己也说不清楚。我并不是女性主义者。不过，也许是因为我所关注的领域与上野女士有共通之处吧。后来，上野女士又出版了一本题为《"女缘"改变社会》（日本经济新闻社，1988 年）的书，这是她与电通[5]广告公司合作研究的成果。身为社会学者和女性主义者的上野女士居然会与广

告代理商合作做研究，我觉得很难得。当然，20 世纪 80 年代
就是这样一个容易产生合作的时代。

经过本次对谈，我才知道上野女士年轻时曾经在广告营
销公司做过兼职，还曾负责过电通广告公司转包下来的工作。
当时她的研究主题是消费社会论。

因此，现在我终于明白了。我和上野女士所共同关注的
领域，便是"家庭与消费社会"，或者说是"女性与消费社
会"，甚至也可以加上"消费社会与政治"这一主题。正是
此类复合型的主题，成为我们邂逅的契机。而且通过以下三
个要素，我们的相遇才得以实现：首先就是我这位新人所负
责编辑的杂志，其次是 80 年代这一被称作"高度消费社会"
的时代，最后一个要素则是被誉为高度消费社会最前沿的"涩
谷 PARCO""公园大道"这样的场所。

2001 年，东京写真美术馆举行了一场 PARCO 的广告海报
回顾展，题为"女性的 70 年代（1969—1986）"。当时上野
女士作为嘉宾莅临现场，并致了贺词。她的讲话让我大为震惊。
上野女士大加称赞道："PARCO 的广告是空前绝后的，即使
是在 70 年代的广告中，PARCO 的女性形象都大放异彩。"此前，
我并不知道上野女士竟然是 PARCO 的"忠粉"。

这难道是冥冥中注定的吗？如果非要来一个命运的邂逅，
我更希望是与像蛞原友里[6]那样精致的女白领。当然，这只是

玩笑。我没有想到，我与那位上野女士的距离居然如此之近！对此，我再一次感到惊讶不已。

大学时代结束时，我并不想毕业后马上就工作，于是敷衍了事地参加了考研，结果名落孙山。第二年，我放弃了继续考研，想找一份自己特别想做的工作，结果发现了一个在PARCO编辑美术书的职位。而实际上如前文所述，后来我被安排在市场信息杂志编辑部工作。如果当时考研考上了，会是怎样一种结局呢？我想自己也成不了什么大学者，最多也就是写一些面向大众的社会学方向的书籍，或许还会畅销。

与我相反，如果上野女士没有考上研究生，或是在营销公司的兼职做得不错，并顺势成为正式员工，也许她早就成为一个受大众追捧的营销专家了。同时，在本职工作之余，她也许会做一些关于女性、家庭以及消费的研究，甚至出版相关书籍。换言之，虽然这样说可能有些冒昧，也许我与上野女士的人生就如同是"背道而驰"的"一体两面"。

目

录

第一部 消费社会与格差社会论

第一部

消费社会与格差社会论

01

『下流社会』诊断

★ "下流社会"的流行
★ 二十年前就已经出现的"格差理论"

◎"下流社会"的流行[7]

上野:《下流社会》(光文社，2005 年)一书已成了大热门，到现在为止累计卖多少册了呢?

三浦: 共 80 万册。

上野: 卖出 80 万册，那可以说是非常大的社会反响了，我的《裙子底下的剧场》(河出书房新社，1989 年)也只卖了 48 万册，远不及你啊。

三浦:《下流社会》刚出版的时候，书店的新书平铺展位那里，只有摆着这本书的地方是凹陷下去的，就像往下深挖的井一样。还没等第二版印刷出来，初版就卖光了。

上野：你觉得读者都是哪类人呢？

三浦：起初似乎是 30 岁左右的年轻人居多。

上野：那后来这本书是怎么火起来的呢？

三浦：大概是一些平时不怎么读书的年轻人认为书里写的正是自己，就买来读了吧。而且他们又是人数较多的团块[8]二代，所以很快就传开了。

上野：效果这么好，编辑和你本人都没想到吧？

三浦：卖出超过 5 万册后，什么人、以何种方式读这本书就不得而知了，但我想其中自然有中老年人怀着"年轻人真是可悲"的心态去读这本书，他们是新书的固定读者；另外，以游戏心态阅读本书，想看看自己的儿子属于书中哪种类型的读者也不在少数。不过，这本书囊括了从雇佣问题、年轻人论到阶层论等主题，内容五花八门，有些读者可能只是挑了自己感兴趣的部分阅读。

上野：那么你都听到了哪些读者的反响呢？具体一点的。

三浦："宫台真司[9]为什么结婚了？"提出这个疑问的读者最多（笑）。我真是对不住宫台先生了。

上野：我也笑得不行，没想到我也会在书中出现。

三浦：你说的是"如果上野千鹤子和帅气医生结婚成为专职

主妇，会被所有人嘲笑"那部分内容吧？那个章节我也觉得低俗，但业内人士的反响却是最好的。

上野： 除此以外，读者还有什么反应呢？

三浦： 我曾很认真地看了一下亚马逊网站的读者评论，后来发现会影响心情，便不再去看了。我把这些书评简单地分了类，其中四十多岁、五十多岁的人对此书的评价较高，说"内容非常超前"；六十多岁、七十多岁的人将自己公司的员工或自己的儿子对号入座，是以近乎娱乐的心态阅读本书；而三十多岁的年轻人通过这本书确认自己是否属于"下流"。倒是"凭什么说我们是下流阶层？"那样激愤的评论比预想的少得多。

上野： 这本书是以实证数据说话的市场类图书。我认为就吸引读者而言，首先它是一本得到业内人士好评的书。而 80 万册的销量已远超预期，可以说是一大社会热点了。就算不是大热，也是"中热"了。这本书如此畅销，三浦先生您本人作为营销专家对此是如何分析的呢？

三浦： ……也许还是因为书名起得好吧。在想到"下流社会"这个题目的那一瞬间，我就感觉这个标题能引人注目。最初的题目是"中流阶层的瓦解"，像教科书中的标题似的，文章的结构也不过是对已有"阶层论"的回顾。但我总觉着这样缺少趣味性，后来无意中想到了"下流社会"这个词，盘算着若是以此为核心，重新编排整理章节内容或许会更有趣，于是马上找编辑商量，编辑表示虽然这个题目稍有不妥但无伤大雅，还是同意了。

上野：于是就按照"下流"这个思路重写了？

三浦：是的。根据"下流"这个主线，对内容进行调换或删减，修改了很多。

上野：这么说，不仅仅是题目上换了包装，还策略性地在内容上进行了调整。

三浦：我这也是不得已而为之。

上野：作为营销专家，您是如何看待此书能够畅销的现实背景的呢？

三浦：当下二三十岁的人，他们的幼年处于泡沫经济时代，那时整个社会非常富裕，他们在无忧无虑中长大，并且一直以为自己属于"中流"阶层。但大学毕业后就遭遇了"就业冰河期"。好不容易挤进一家公司，却面临经济萧条，工资不但没有涨反而降低了。他们开始遭遇一种危机感，那就是自己快要跌出"中流"了。现实情况便是，三十多岁的人中，抱有这种危机感的人明显增多了。

上野：连东京大学在读的学生都有这类强烈的不安。

三浦：对，哪怕是名校学生也担心自己会被筛出"中流"，似乎也有相当多的学生都读了这本书。

上野：虽然害怕面对现实，但在好奇心的驱使下，更是想看。

于是在试读的过程中，发现事实与所想一致，反而心里踏实了，也有这样的情况吧？

三浦：似乎也有这种情况，有的人读了之后发现，"虽然自己工资不涨，加班不断，生活很辛苦，但是还有比自己更差的"，所以就放心了（笑）。也有人读了之后莫名认定自己就是会跌落到"下流"的那批人。

上野：很有可能。

三浦：年纪大些的读者应该都读过《国家的品格》（藤原正彦，新潮社，2005 年）这本书。他们批评说："真不像话啊，最近的年轻人简直……""他们真的是'中流'吗？"总之他们是持批判的态度来读我的这本书的。他们觉得自己从年轻时起打拼过来，才造就了今天的日本，而最近的年轻人真是太没出息了，大概是这样来解读的吧。

上野：就是说，这本书为老一辈的人提供了批判年轻人的依据吗？

三浦：我想是的。现在还有一种社会现象，那就是很多人想主动从"中流"滑落下来，他们的想法是"就算成为'中流'，也不过是辛苦地乘着电车，跟自己父亲一样背着房贷辛苦度日，那还不如索性就做'下流'阶层"。只是这种类型的人也许没有读过这本书，所以最初让这本书火起来的还是那些害怕从"中流"跌落的年轻人。

上野：从"中流"跌落的恐惧和不安，其实就是害怕唯独自己被所有人甩开，而一旦社会上的人全都落伍，也就没什么好怕的了。再加上有各种实证数据证明的话，那就更令人放心了，他们会想："什么啊，这原来是群体现象啊！"因此《下流社会》倒是让人安心的法宝呢！

三浦：也就是说，"即使沦落至'下流'阶层，若是大家一起便不可怕了"。（笑）

上野：通过读这部书了解到"原来有这么多人处于'下流'啊，那我也不必惊慌了"，从而得到安心感。

三浦：我的书被如此解读，倒是让我始料未及。不过香山里佳[10]和内田树[11]所写的文章，都提到了自己学生的话："原来我也是'下流'。那我就放心了！"

上野：没错。社会"下流"化也是一种潮流。

三浦：我在《新人类，为人父母》（小学馆，1997年）中倡导了"35岁成人说"，我的本意是"到了35岁，人就应该成熟了"，但有些读者按对自己有利的方式将之解读为"就算到了35岁，我仍然可以是一个孩子"，从而进行自我肯定。

上野：30—35岁的人从年龄上看属于"团块二代"，不仅是三浦先生您，消费市场一直以来都深受"团块一代"这一咒语的束缚。毕竟"团块一代"是战后最大的大众消费市场。随着"团块一代"年龄的增长，市场也转至人口数量仅次于他们的"团块二代"。市场营销始终没有摆脱这种团块世代论的魔咒，从结果来看，您作为营销专家最终还是与这两代人打了交道。

三浦：是啊，与我本人的意愿无关，就算我不愿意也不得不奉陪。《下流社会》的出版几乎是和众议院选举（2005 年 9 月 11 日）在同一天，周五在书店上架，而选举是在同一周的周日进行。那次自民党取得的压倒性胜利也是得到了年轻人，也就是二十多岁、三十多岁人群中多数为无党派的人的支持，而这些人正是《下流社会》的读者。

上野：的确如此，而且在二十几岁的女性中，自民党的支持率非常高，真是让人大跌眼镜。

三浦：因为我的书中写有"'下流'阶层喜欢自民党"，以至于给金子胜[12]等人造成了"原来是'下流'阶层给自民党投了票"的认识。但是我后来进行了调查，发现"越是'下流'阶层越是支持自民党"的说法是错误的。不过从投票的绝对数量来看，很明显看出"下流"与"中流"区间的年轻人的投票增加了，尤其是居住在东京周边和大阪周边的年轻人的票数的增幅非常显著。

上野：那是浮动选票部分吧？

三浦：是的，而且连自由职业者和无业人员都支持自民党党首小泉纯一郎。虽然我想说这是在"作茧自缚"，但他们完全没有意识到这一点。这就跟堪萨斯州类似，在美国，堪萨斯州是受欺负的州，而在这个州小布什的支持率却是最高的。这被称为美国的七大怪事，日本的这一情况与其类似。

上野：日本真的是与小布什时期的美国如出一辙，都是走新保守主义化[13]的路线。那些投给自民党的人在新自由主义[14]改革中明明深受其害，却依然支持造成这一切的元凶。

三浦：还有一种说法是"美国阴谋论"。美国在20世纪80年代出现了打击日本的风潮，日本制造的产品席卷全美，引发了日美贸易摩擦，"日本经济威胁论"甚嚣尘上。在这种背景下，美国国内出现了一种"不能让日本人都当上班族，应该重视让每个人发扬个性，不想上班的不用上班，如此一来日本的经济实力就会下降"的说法，虽说是个荒唐无稽的理论，倒也……

上野：不是恢复日本经济，而是让日本"沉没"啊！（笑）

三浦：1988年，自民党的渡边美智雄[15]针对美国的过度消费引起的个人破产增多现象出言失当，他说："美国的黑人就算破产也不必在意。"这一言论因为歧视黑人，引发日本和美国两国的强烈不满。但我认为过了二十年后，现在的日本人确实成了前面所说的那样。

上野：你是指国家和国民都变成了多重债务人这一状况吧？

三浦：没错。很多人觉得随便打打工，用信用卡买买买，也能过得不错。而这些年轻人在某种程度上成了企业为了自身利益所利用的对象。当然，利用年轻人这件事上我也或多或少参与了。因此，在年轻人看来，他们只是顺应时代的潮流，从小时候便一直是消费者，如今却让自己工作，从而变得无所适从。我觉得他们是这样的心理状态。

上野：这样看来，《下流社会》真的是让人安心的法宝，它传达的信息，是要告诉人们现在这样就好，保持原状就可以了？

三浦：这倒是出乎了我的意料（笑）。

◎二十年前就已经出现的"格差理论"

上野：我自己就是"团块一代"，所以很清楚这一点，那就是从历史上看，"团块一代"正处于日本经济整体上升的时期，就算个体不努力，作为整体的一员依然提升了阶层。

三浦：的确如此。并非"团块一代"自己创造了潮流，他们只是顺应了已有的潮流而已。

上野：受教育程度和经济地位也是如此，"团块一代"的平均学历都比父母一辈的人高，但这并非因为他们多有能力，他们只是赶上了高等教育普及化的好时候而已。经济增长带来了生活水平的提高，"团块一代"虽然享受着比父母一代更富裕的生活，但他们并没有比自己的父母更努力。而当下，大学升学率已经高达50%，基本上达到饱和状态。学历过剩使学历的经济效果大打折扣。在"团块二代"看来，将来自己到了跟父母差不多年纪的时候，他们无法保证自己可以达到父母那样的学历水平和经济阶层。

三浦：没错。

上野：虽然"团块二代"非常恐惧或许自己某天就会从"中

流"阶层孤单掉队，但是他们的父母并没有这种切实的感受。我周围的同辈人，尤其如此。他们并不理解下一辈人的不安，您觉得呢？

三浦：是啊，"团块一代"并没有那种切实的恐惧感，他们觉得"只要努力，一切都会好的"。

上野：越是担心目前拥有的会失去，越倾向于防卫和保守。如果一无所有，就会乐观地抱有革新思想（笑）。"团块一代"的青春期时代正处在高度经济增长期，因此他们丝毫不怀疑，"随着时间的推进，这个社会越来越好"。而当下的年轻人从记事时起，就开始遇到经济萧条。他们在长期的经济萧条下度过了自己的青春期，因此他们会焦虑地认为，将来只会变得更糟。两代人之间对未来的看法是非常不同的。而且，"团块一代"由于自己实现了阶层的上升，所以也会以相同标准要求子女。越是高学历的家庭就越要求子女取得高学历。至于低学历的父母是否会出于怨愤，因为自己受到的歧视或差别对待，而期待子女取得高学历？答案是否定的。这背后的原因是，高学历的父母认为孩子达到与自己一样高的学历水平是理所当然的。比如，对于父母是东京大学毕业的孩子来说，比起父母口中的要求，周围的氛围更让他们感到一种无形的压力。作为一名教师，我一直关注着年轻人所处的状况。他们的父母是不会用客观的眼光去看待自己是在一个怎样的时代中成长起来的。用孩子们的话来说："你们有今天，并不是自己努力的结果，只是赶上了好时候而已，认为我们也能做到，跟你们一样，你们就错了。"可他们的想法并不能被父母理解。

三浦：有道理。

上野：《下流社会》的走红，就是在这种背景下发生的吧？

三浦：除了上面的情况，还有就是"团块二代"并不清楚父母一辈子都是顺风顺水地过来的。他们觉得父母肯定也是吃过苦的。因为之前我曾对一个"团块二代"说："在你父亲找工作的时代，岗位比比皆是，工资每年涨幅都超过20%的。"他听了之后很生气地说："啊，他们居然这样轻松？！"

上野：最近的"格差理论"给我的感觉很奇怪。大家都说是因为奉行新自由主义的小泉政权推行的改革使贫富差距扩大了，似乎贫富差距是最近才产生的。但其实早在二十年前，"少众、分众论"[16]出现的时候就已经有"格差理论"了。1983年，佐田智子[17]出了一本叫作《新身份社会》（太郎次郎社，1983年）的书，虽然当时没有流行起来，但我觉得这本书无论是书名还是内容都富有卓见。另外，在1985年，日本长期信用银行（当时的名称）的经济学家小泽雅子写的《新"阶层消费"的时代》由日本经济新闻社出版的时候，"阶层消费"一词是带着引号的。而四年后，该书以文库本的形式再版的时候，已经是《新阶层消费的时代》（朝日新闻社，1989年），原来的引号被去掉了。这说明到80年代后半期，阶层分化的征兆已经出现，以至于作者认为"阶层"一词已经无须加引号了。富永健一[18]研究小组首次定期实施的社会学方面的社会迁移调查显示，从1985年的普查数据[19]来看，1985年前后就已经开

始出现世代间的阶层固化倾向。比如国会议员的世袭率在 20
世纪 80 年代就很高了，从数据来看，阶层分化从很早就发生了。

三浦：是啊。

上野：阶层分化一直都在进行，只是 1991 年泡沫经济崩溃，
经济长期低迷，让阶层分化越发明显了，仅此而已。而在市
场营销专家看出这一点之后很久，学者们才围绕"日本是否
已经成为阶层分化社会"这一问题展开争论。因为他们光盯
着宏观数据看，所以只会做些技术性的讨论，比如推测某个
统计结果是不是年龄效应[20]造成的，诸如此类。其实 20 世纪
80 年代开始，就有很多战略性的市场调查数据了。这些数据
显示首都圈资本积累的时间不同，将导致资本收益[21]的效果产
生显著差异。"首都圈二代"和"大小姐"潮流就反映了这一点。
市场营销的专家对此早就通过数据感受到了，那些学者还要
去争论（笑）。

三浦：比起营销专家，可能年轻人更有深刻感受吧？现在的
艺人都是星二代了。

上野：阶层分化并不是因为小泉的新自由主义改革才发生的，
80 年代就初见端倪了，对此我有强烈的即视感。所以在我看
来，如果佐田的《新身份社会》出版再晚些的话或许可以畅销，
相反您的《下流社会》如果放在十年前，很难说还能否如此
热卖呢。

三浦：估计根本卖不出去吧（笑）。PARCO 的 *ACROSS* 在
1983 年的 10 月刊做了一期阶层化特辑，标题是"中流瓦解"。

该特辑捕捉到了 20 世纪 80 年代上半期，"中流阶层中的中游"的减少，并且"下层"增多的现象。但登出后并没有引起过多的关注。而紧随其后的就是泡沫经济，因此后来这类标题都不见踪影了。

上野：资产差距的扩大发生在 80 年代，而在首都圈资产差距已经表现为阶层差距了。90 年代泡沫经济瓦解后，首都圈的地价下跌，但地方城市的地价跌得更厉害，所以也可以说资产差距是相对地扩大了。

三浦：不过，在 80 年代，"团块一代"买房时，这种资产差距并没有引起注意。可能他们想着："大家都一样，都能买房子。"

上野：就算同样是贷款买房，是在 70 年代交首付买，还是泡沫经济之前的 80 年代前半期买，或是泡沫经济之后的 80 年代后半期买，差距还是很明显的。资产何时置办，是以五年为一周期，还是以十年为一周期，收益都会有所不同。"团块一代"就算没有流动资产，但起码还有房子这项固定资产。他们自有房产的持有率很高。

三浦：是这样的。根据我最近做的调查，也发现"团块一代"男性有 10% 的人年收入低于 150 万日元。而没有工作，只是打打零工的人同样达到了 10%。

上野：是提前退休或失业的原因吗？

三浦：应该是这样。他们中的很多人提前退休了，并且没有领到退休金。通过调查还发现，存款不到 500 万日元的人多达 40%。

上野：他们只能通过将不动产变现为流动资产来度日了。有一个叫作"以房养老"[22] 的制度，但"团块一代"的房子大多是集体住宅，房子的可使用年限短、老化快，所以据说最近这类房子无法作为抵押获得养老金。以后在已贫民窟化的集体住宅里，说不定住的全都是老年后的"团块一代"。

三浦：小泽一郎成为民主党领袖后，在 2006 年 4 月举行的千叶县第七区众议院补缺选举中，他声称终身雇佣制和年功序列制是日本的安全网，从而获得了许多中老年男性的选票，最终民主党获得胜利。但小泽的主张对年轻人没有丝毫的触动，因为他们根本不想成为正式员工。

上野：这不是与小泽一直坚持的方针[23] 背道而驰吗？他明明一直提倡"小政府""放宽限制"的啊（笑）。

三浦：没错，不过为了打败自民党，小泽那么讲是非常有效的。至少让那些担心随时可能下岗的中老年男性投了自己一票。但是年轻人的看法就不同了，他们认为就是因为这些中老年男性霸占着既得利益不放手，自己才找不到工作的。非正式员工几乎没有转正机会。为此厚生劳动省开始了一项行动[24]，旨在将目前 200 多万名自由职业者中的 20 万人变为正式员工，但目标仅仅是 20 万人，少得可怜。

上野：而且这些人自己并不想成为正式员工吧。仅仅是转正了，也算不上什么阶层的"提升"。

三浦： 其中真正有意向的人可能不到一半吧。

上野： 自由职业者、尼特族问题早就出现了。20 世纪 90 年代的教育行政中出现的"个性化"一词，其实就是使格差正当化的一种社会意识形态。文部省有意识地以"个性"和"多样化"为名，将阶层差别通过教育的意识形态正当化，传达了一种"有差别完全没问题"的信号。

三浦： 这是有意识的吗？既然如此，那是否文部省只需要打造一个"哪怕过了三十岁也可以不是正式员工"的社会就可以了？

上野： 这种阶层社会的意识形态就是告诉人们，社会上既有无数比自己混得好的，也有无数比自己混得差的，要符合自己的身份地位，"自我决定、自己负责"地活下去。就算有问题也不要抱有任何不满。而这种意识形态发展得太过火之后，就会出现"穷忙族"，也就是说他们无论怎样辛苦地工作还是会处在社会贫困线之下，这样就会使部分本国国民成为难民，或者说使社会成为美国型社会。

三浦： 的确如此。因为日本政府不想接纳移民，所以现在的非正式雇佣可以说是一种在自己国家内部制造大量类似移民的政策。自己国家的人民承担了美国社会中黑人的职责。

上野： 这种战略在尽可能降低安全成本的基础上利用了差别，所以日本虽然成为美国型的"格差"社会，但却巧妙地规避了美国社会中存在的非法移民和种族歧视那样的僵局。哎呀，这不是与新保守主义安倍政府的设想如出一辙吗？或许正是因为在这样的背景下，《下流社会》才大卖的？

三浦：在"阶层论""格差论"方面，之前已经出过很多书了，所以《下流社会》只是总结了前人的经验。因此，我想，关心阶层问题的人一定会买这本书。而且书中还涉及消费、价值观以及兴趣等具体内容，比较通俗易懂。

上野：的确如此。书中的数据都是实证数据，案例也很丰富。

三浦：比如书中写到的"下流（阶层的人）真的是御宅 [25] 吗？"只要把门槛降低，使其通俗易懂，那么即便读者是普通人，这本书也会成为他们意识到格差问题的契机，所以我尽量把内容写得搞笑一些。这样一来，虽然是很严肃的话题，读者也能轻松地阅读。

上野：所以是搞笑的文风，最终给读者提供了安心感吧？（笑）

三浦：嗯，读了之后感到放心的大有人在，真是令人头疼。不过就算错误解读的人增加百倍，而同样读懂的人只增加了十倍也是皆大欢喜了。

上野：您说得太对了。理解的人越多，误解的人也越多，这是我们作家的宿命。因为两者是呈正比例增长的。

三浦：所以，今后写书我得走更为搞笑低俗的路线了（笑）。

02

女子学校文化与女性格差

★ 令男性讨厌的"裙子里面穿裤子"

★ "釜泡女"与"蛞蝓原式女白领"

★ 不断扩大的女性之间的差距

◎令男性讨厌的"裙子里面穿裤子"

三浦：您写过《裙子底下的剧场》这本书。对于最近年轻女性在裙子里面穿裤子这一潮流，我很想听听您的看法。

上野：《裙子底下的剧场》是 1989 年出版的，距今已经快二十年了。当时正值泡沫经济最严重的时期，经过了二十年，女性发生了哪些变化呢？在您的《"釜泡女"的时代》（三浦展，牧野出版，2005 年）一书中，有一种被称为"釜泡女"[26] 的女性，她们在裙子里面穿着长裤，您将这种打扮称作"埴轮装"[27]。

三浦：是的。

上野：我听说男性最讨厌的女性服饰就是裙裤。原因是它看上去是裙子，而实为裤子，男性认为裙子就应该有裙子的样子。但是"埴轮装"却是把长裤穿在裙子里面。或许在男性看来，这是种不可饶恕的穿搭吧？

三浦：确实难以认同。

上野：裙子里面因为是空荡荡的，没有更多防护，所以才成为女性标志的，一旦同时在里面穿了牛仔裤或紧身打底裤等细筒裤子，就不再有女人味了。但其实"釜泡女"式的装扮也是如此，女性在时尚中渐次加入"舒适"这一元素。

三浦：没错。

上野：在裙子里面穿裤子这种打扮非常舒适，而且不用顾忌身体的姿势。无论在哪里都可以当坐地族[28]。换句话说，女性一旦通过这种方式得到了"舒适"，就不愿撒手了。但同时她们还想展示自己的女人味，因此就算是"埴轮装"，暴露度还是很高的。

三浦：真的吗？

上野：您没有注意到吗？最近的时尚风格是上衣的领口都开得很低。

三浦：您说胸口啊，我怕盯着看，会被警察抓起来（笑）。

上野：虽然下装是裙子里面穿裤子，但是上身穿的是吊带衫。吊带衫本来是指内衣。即便吊带裙在以前也是属于内衣。最近连专门外穿的文胸都出来了呢。如今的女孩子的穿着就好比穿着内衣外出一样。真是让大叔们的眼睛不知道往哪里看才好。

三浦：露肚脐的低腰装也很流行呢。

上野：我认为女孩子对异性的诉求有着两面性。她们一方面不想放弃裤子的舒适，另一方面又要追求裙子带来的女人味。穿牛仔裤把下半身裹得严严实实，而上半身则在炫耀肉体。她们在向异性展示自己，但却以自我为中心，似乎在对他们说"反正你们也够不着我"。

三浦：是吗？的确也有这种女孩子，但不想引起异性注意的女性也增多了。

上野：像"埴轮装"那种在裤子外面套一个泡泡裙的装扮，也属于幼儿类服饰。所以说"埴轮装"除了对异性诉求的两面性以外，还有想成为幼儿的心理。看着"埴轮装"，我经常想这不就是婴儿穿的连衣裤式娃娃服吗！说到这儿我想起来，在动漫影视导演庵野秀明的妻子——漫画家安野梦洋子的漫画中，她本人就穿着娃娃服出现过。

三浦：对于"釜泡女式的穿搭"，也有人评论说它就像是宽松的娃娃服一样，是一种令人轻松愉快的时尚。

上野：除了"舒适"的标签以外，还有一个重大的变化，那就是女性服饰从对异性的诉求转变成了女性间的同性诉求。我把这个称为"女子学校文化"。"女子学校文化"的文化名人，即明星和艺人的大规模出现是在 20 世纪 80 年代。搞笑艺人山田邦子的出现，让我第一次觉得这是一种新的文化现象。在她之前，女性是无法成为搞笑艺人的。因为一直以来人们认为女性是不会调侃自己的，认为女性把自己当作笑料，结果只会让人难受。虽然山田邦子成了第一个不让听众难受的搞笑女艺人，不过她想取悦的只有女性。听说在女子学校中有逗笑同班同学的传统，我就明白其中的缘由了。

在山田邦子之后诞生的"女子学校文化"艺人、文化名人有遥洋子[29]、酒井顺子[30]、中村兔[31]。"女子学校文化"把同性的诉求视作追求的主要目标，异性诉求则是第二位的，或是第三位的。"女子学校文化"的中年版本是"大妈文化"。女性有意识地逗笑同性，这种文化现象的的确确发生了。在男性看来，"女子学校文化"是最难注意到的死角。这种文化是一个只有女性的世界，因为它处在男性视角的盲区，但它却出现在了媒体和消费市场。这是一个巨大的变化。

我从小上的学校都是男女同校，所以对于"女子学校文化"一直都不了解。上了年纪后，跟中老年女性相处多了，我才发现女子世界别有洞天，估计男士们都不知道吧。我开始"沉湎于女色"（笑）。作家中村兔就深受"女子学校文化"的浸染，我在读了她写的东西后，的确有很强的共鸣。在《灵长类女人科图鉴》（中村兔与仓田真由美合著，角川书店，2005 年）一书中，出现了"姥皮"一词。

三浦： 什么是"姥皮"？

上野： 所谓的"姥皮"，就是少女身披老太婆的皮，是女性为了在女性世界中活下去的生存技巧之一。民间有这样的故事，听说鬼神专门找年轻女孩，女孩们便身披老太婆的皮装成老太太，以防被鬼怪掳走。根据中村的说法，与民间传说一样，"姥皮"是在女性世界中，跟其他人相比各方面都突出的女性巧妙回避妒忌和憎恨的生存工具，是只有在女性世界中长大的人才懂得的隐性知识。也就是说在女性世界中，在容貌或成绩上出众的女性必须扮演被大家取笑的角色。而在中村的书中清楚地写到，那些不能掌握这种技巧的女性，便会在女性的世界中逐渐孤立无援。

三浦： 有道理。

上野： 如果试图用异性爱主义来解读中村所说的"购物成瘾"或是"牛郎 [32] 中毒"，总会有些内容无法理解，但如果将其看作"女子学校文化"中的同性诉求，便可以领会了。有时，避开同性的妒忌要比谋求异性的欣赏更为重要。

三浦： 在这层意义上，女性之间共情的程度得到了进一步深化。在您看来，这是不是一个值得高兴的进步呢？

上野： 那当然啊（笑）。因为"女子学校文化"在媒体和消费市场中的出现，反映出女性的经济实力和社会地位都提高了。这也说明女性作为消费者成熟了。所以我当然十分欢迎这种文化。

三浦： 打个比方，会不会越是在穿着上不受男性待见的女性，找工作越难呢？

上野：只要面试官还是大叔们，这种情况就不可避免。不过就职面试是有着着装要求的，想成为正式员工的女性都很聪明，她们虽然觉得求职套装很土，还是会乖乖穿去面试的。

三浦：因为现实中招聘面试目前还是由男性主持。我觉得那些不擅长满足异性诉求的女性可能就会成为自由职业者或者非正式员工，这将阻碍她们在经济上的独立。包括我在内的大叔们，是不会轻易将既得利益拱手让给女性的，因此更倾向于只将工作能力强且容貌出色的女性定为正式员工。

上野：就像男性讨厌裙裤一样，"釜泡女""山姥辣妹"[33]"埴轮装"都是男性讨厌的装束类型，是最不受男性欢迎的装扮。女性的不同着装带来了女性之间的阶级分化，一直以来都是如此。以前出现过打破常规的情况，走涩谷休闲风的小姐姐，突然某天华丽变身，改换为"大小姐装扮"，但人们无法想象现在的"山姥辣妹"，某一天会变成穿着求职套装的女孩。女性之间的"分栖而生"的趋势越发明显。这种"分栖而生"用社会学家宫台真司的说法叫作"岛宇宙化"[34]（《制服少女们的选择》，讲谈社，1994年）。

顺便提一下《裙子底下的剧场》之前的历史，迷你裙出现于20世纪60年代，而连裤袜是几乎同时出现的。当时有些男性说，"连裤袜就是昭和时代的贞操带"（笑）。因为就算把手伸进裙子里面也不能马上摸到内裤，而且脱掉袜子要费上一番工夫，所以才有了这个说法。再后来牛仔裤出现了，这是更好的"贞操带"，因为需要本人帮忙才能脱掉它。

三浦：毕竟很紧身嘛。

上野：我们这一代的女性开创了女性穿牛仔裤的时代。记得当时神户女子学院的老师曾说过："我的课上，不允许出现穿牛仔裤的女生。"

三浦：是有这回事。报纸上都登了。

上野：在那个时代，甚至有女性说："穿上牛仔裤，才有了性的自主性。"因为牛仔裤需要女性自己脱掉，便可以制止转眼间就任人摆布的局面，使女性拥有了主动权。

从当时的时代背景来看，女性即使上半身穿着暴露，毫无防护，像是只穿了内衣一样，但下半身的牛仔裤却牢牢贴在身上，那她便丝毫没有考虑迎合异性的诉求。前面说到"反正你们也够不着我"的时候，我看到您略显惊讶，但我说的不是 20 世纪 80 年代的"曲线美"（讲究身材），"曲线美"是一种异性诉求，是强势女性发出的一种信息："我可是高不可攀的。"而当下的穿搭像是在表达这样的意思：我虽然身穿标志女性的衣服，但不愿放弃"舒适"，也不会舍弃自己女性的身份，不过可不是为了你们男人。这就是我说的"够不着"，所以本质上说，这就是传达了"并不是为了你们男人而穿着"的信息。正因为如此，"填轮装"才会被男性讨厌。

◎"釜泡女"与"蛯原式女白领"

上野：不过，现在与"釜泡女"同时存在的还有一种希望受异性欢迎的"蛯原式女白领"[35]。以女白领为受众的服饰类杂志及化妆类杂志大量出版，鼓动女性去思考"如何才能受男性欢迎"。"釜泡女"与"蛯原式女白领"是并行存在的两种类型。这二者之外，还有一种是综合岗[36]女性。她们既有工作也有丈夫，也就是家庭和事业二者兼得。

所以女性差不多分化成了三个阶层，对这点分析最透彻的是小仓千加子[37]的《结婚的条件》（朝日新闻社，2003年）。在这本书中，小仓指出不同阶层的女性结婚动机是不同的。她将三个动机分别命名为"生存、依存、保持"，非常贴切。三者之中占比最高的仍然是"依存"类。"保持"类位居最顶层，底层则是"生存"类。"保持"动机与"生存"的共同点是都没有以异性诉求为主。

三浦： 正是因为在普通女性很难实现上升婚[38]的时代，"有异性缘"才变得更为重要。

上野： 上面的三种动机中，唯有正中间的"依存"类女性是热衷关注异性诉求的。而其中担任一般职位或是派遣员工的"蛯原式女白领"占据了大多数。杂志的市场也集中在这里，传授着她们"受异性欢迎"的各类技能。但是现在这种想要通过结婚使自己的阶层发生变化的社会性流动逐渐行不通了。由于阶层内部结婚的趋势越来越明显，所以四年制大学毕业的男性会选择同样四年制大学毕业的女性结婚。如今已经不再是只读了短大的女性凭借美貌也能钓到金龟婿、嫁入豪门的时代了。小仓说过："结婚是金钱与容貌的交换。"但我不同意这种说法。男性经济实力不如从前，已经不能对女性说出"我一个人就能养你"这样的豪言壮语。男性也指望着女性的经济实力呢。

"釜泡女"的结婚动机是"生存"。她们为了生存找另一半，但却从没想过完全依靠对方。而且她们也不认为能找到养自己一辈子的男性。即使有人会说，如果成了"釜泡女"，估计不会有异性缘，也当不成正式员工吧。但这种事情她们早就明白，因为她们从一开始就没有对此抱有什么期待。您掌握实证数据，相信您一定很清楚这一点。如果询问她们想选择什么职业，也许会得到"美甲师"或是"美容师"之类的答案，但一定不会出现"女白领"几个字，对吧？所以她们哪怕男人缘不好也没关系。

三浦：这样啊……

上野：在这种社会背景下，"女子学校文化"，或者说一直以来被男性忽视的女性集团内部的价值，突然出现在媒体及消费社会上，就女性主义而言是相当值得欢迎的。同时，与漫展[39]中出现的"BL 系"[40]"YOI 系"[41]这些"女子文化"现象相呼应，这些文化的最大特征就是女性称自己为"女子"。

三浦：还有这回事？

上野：是的，女性不需要男人，已经发展到这种程度了。

三浦：不需要男人，所以才会结婚后也不生孩子是吧？

上野：也并非如此。

三浦：并非如此？

上野：最底层的"生存"类女性靠自己一个人是无法生活的，所以要跟另一半互相依靠。一个人打零工过日子很艰难，两个人一起的话还能凑合。所以男性是必需品。因此她们都是很早结婚的。

三浦：比如"奉子成婚"之类的？

上野：虽然对她们来说男性是必需品，但因为对象是在同一阶层内，所以她们不用像"蛞蝓式女白领"那样向异性展示自己的魅力。

三浦：因为不是攀高枝的那种结婚。

上野：而且，与"生存"类女性同属一个阶层的男性也指望着妻子有收入，所以她们从一开始就没有专职主妇这一选项。男性清楚自己没有能力独自养家糊口，他们也愿意接受有工作的女性。因此最容易被误解的便是"蛞蝓式女白领"这个多数派了，即使她们为了讨好男性付出了各种努力，最终还是要为在结婚市场中的失败买账。用山田昌弘[42]（《结婚的社会学》，丸善，1996 年）的话来说，这些人就是未来的晚婚一代，以及已婚男人的情人备胎。除非她们愿意降低自己的择偶标准，不然只会终身不婚。因为好男人早就被贴上"红色（指已婚标注）标签"了，那些不愿意降低标准的女性，便会成为那些男人的情人。根据山田的主张，只存在以上这两个选项。

三浦：贴着"红色标签"的男人会找情人吗？

上野："红色标签"指的是"已售出"，就是已婚的意思。对于已婚男士来说，如今找情人的成本已经不高了。就算男性的经济实力不能像以前那样给情人或小妾准备住宅，如今的女性也能养活自己，她们甚至会视情况出一半开房的钱。

三浦：居然是这样啊！

上野：现在养情人的开销是很低的。就算是职场中上司与下属之间的婚外情也不像以前那样费钱了。零花钱就能解决了。

三浦：比如在"艳遇网站"上找一个？

上野：20世纪90年代有过关于东京男性嫖娼调查的数据，类似于援助交际性质的，包含偶然、突发情况在内的邂逅，涉及以金钱为代价发生过性关系的男性中，您知道多少岁左右的人最多吗？

三浦：是三十多岁的男性吧？

上野：正是。与经历过"红线地带"[43]时代的七十多岁的男性相比，三十多岁男性的招嫖率更高，接近整体的50%。提起搞援交[44]的大叔，人们一般会想到公司的部长、科长级别的有钱而且厚脸皮的大叔们，但现在援交的主体顾客却是三十多岁已婚或未婚的男性，这就是泡沫经济时代的什么来着？

三浦：您说的是"黄昏族"吧[45]（笑）。

上野：对，按照宫台真司的说法，援交就是泡沫经济时代大叔与情人关系的迷你廉价版。不需要什么成本，就算没有高级法餐，家庭餐厅的水准就足以让女生心满意足。无论是什么经济水平的男性，总会找到符合自己身份的情人。

三浦：这就是"下流情人"吧（笑）。

上野：没错。所以说找情人与男性是否有钱无关。反过来说，不是光有钱就能买来女性。如今的时代，恋爱市场中男性之间的差距在不断扩大，受欢迎的男性不用花什么钱也能跟女人发生婚外性关系。说起来，在"釜泡女"和"山姥辣妹"刚出现的时候，您是如何看待这一现象的呢？

三浦：正因为我是从阶层论视角思考的，才会认为这是一种毫无阶层提升意愿的时尚。

要想实现阶层上升，就得像"蛞原式女白领"一样，打扮得让更高阶层的男性觉得有魅力才行。20世纪80年代流行的时尚是，平民女子也能看上去像是"成城"[46]的大小姐那样，很明显这是一种想高攀的装扮，但我想至少没有男性会把"山姥辣妹"误认为是"田园调布"[47]的大小姐。同样"釜泡女"也不再有意通过结婚或恋爱，提升自己在女性中的阶层。

另外，还有一种说法是"釜泡女"等于闷骚色女，人们认为她们其实也有很想吸引男人的一面。她们并非不依靠男人，而是与依赖她们的"釜菠软弱男"相互依存，我认为这种情况比较多。有美容行业的人在读了《"釜泡女"的时代》之后，曾几次前来采访，或是请我去做演讲，所以我了解这个行业的内部情况，听说很多美容美发厅都对来店里工作的"釜泡女"类型的男女感到棘手。从结果来看，"釜泡男"和"釜泡女"中90%的人无法作为一名美发师养活自己，大多都成了自由职业者。如果再没有异性缘，真不知他们该怎么生活。

另一方面，受时尚杂志 *CanCam*[48]（小学馆）的影响，选择"蛯原式穿搭"的女性，其实也很喜欢读《日经商务商业周刊》（日经 BP 社），她们将来是要晋升为管理层的。受欢迎又有能力，就像您一样的女性今后会越来越多吧。通过对调查数据的分析，可以看出的确出现了这样的聚类[49]。根据我的理解，基于以上情况，当下的女性出现了两极分化的状况，上层是既受欢迎又有能力的综合岗女白领，底层是自由职业者且不受欢迎的"釜泡女"。我知道女性主义者将这类受欢迎的女白领视作眼中钉，但同时也要清晰地认识到，既讨人喜欢又有着高薪工作的新型女性在不断增加。

上野：我也同意女性之间发生了阶层分化，但我不认为"蛯原式女白领"会成为女高管。如果把另一种群体考虑在内，那就不是两极分化，而是分化成三级了。按照小仓的分类方法，综合岗位上的女性属于"保持"类动机。也就是说她们为实现自我保持（指生物避免伤害、维持生命的本能）而选择结婚，但这是为了"保持"自己的欲望。她们不会不惜舍弃这种欲望也要去结婚。不过这样的女性只占少数。

◎ 不断扩大的女性之间的差距

上野：我读了您的《"自由时代"中"不安的自己"》（晶文社，2006 年），您对私立高中女学生和"黑皮辣妹"[50]的采访实在太精彩了，得亏您能听懂她们在说什么，我十分佩服。

根据您对她们的采访，您写到如今年轻女孩子的价值观异常保守是吧？

三浦：对。

上野：她们对未来的期望分为两种，其中绝大多数人的回答都是"希望组建一个温暖幸福的家庭"，剩下的则是回答"不知道"，对吧？

三浦：是的。

上野：但我想这能否单纯地归纳为"保守"呢？我推测这是经历了一代人的变化后出现的新型保守。您问过这些人的家庭情况吗？

三浦：多少了解过一些，但没有刨根问底。

上野：有没有机能不全家庭[51]？毕竟这些孩子的父母的离婚率还是高的。

三浦：好像是这样的。

上野：去那些三流高中就会发现，来自机能不全家庭的孩子很多。她们受父母的影响，不想让下一辈重蹈覆辙，因此才倾向于期望拥有一个温暖的家庭。

三浦：很明显"黑皮辣妹"式女孩便是如此。

上野：所以我觉得不能断定她们就是保守型的。反倒是一种新型的回归家庭现象，即经历了家庭变故后希望拥有一个正常的家庭。

三浦：很有道理。对"黑皮辣妹"的采访是我的团队成员做的。"黑皮辣妹"中来自父母离异家庭的孩子的确很多。

上野：离异家庭的比例很高吧？

三浦：是的。为了弥补离婚对孩子的伤害，父母每月会给孩子支付好几万日元的通信费。

上野：果然我的猜想是正确的。

三浦：我们采访了三名私立学校的女高中生，她们的父母似乎关系也不是很好。

上野：就算没有离婚，也多半是存在 DV[52] 的家庭。

三浦：或者是很看重钱的家庭。

上野：如今破产或丢掉工作并不罕见，多重债务人越来越多，家庭暴力、虐待孩子的事情屡屡发生，因此，不能简单地将在经受了机能不全家庭的生活之后，恢复对幸福家庭的那种向往，归结为"保守"。所谓的保守，是指维持现状。在您的《"自由时代"中"不安的自己"》中出现的女高中生，她们所说的"我也想过妈妈那样的生活"，这样的言论才叫保守。但是"黑皮辣妹"口中的"想有一个温暖的家庭"是完全不同的，她们追求的是自己未曾拥有过的生活。

三浦：有种求救的感觉在里面。

上野： 所以她们才属于"生存"类。对她们来讲，家庭是生存的手段，因为一个人无法养活自己。

三浦： 有个受访的女高中生很会规划，她说："找一个有钱的老公，让他资助爸爸的公司。"怎么说呢，她们在这点上倒是格外成熟。

上野： 小仓称婚姻是一种"生存"的手段，她说得太妙了。

三浦： 那三个女高中生都是私立学校的，家境应该都是不错的，可还是会这样想。

上野： 越是经济阶层低的家庭，就越容易离婚；但经济水平越高的阶层，出现家庭暴力和家庭不和的情况越多。在我的采访中，有一个女高中生说："我妈妈对我说，婚姻中即使没有爱也无所谓。"这句话等同于她的妈妈已经承认自己的婚姻失败了。

社会迁移人口的减少是指不同阶层间联姻的减少，而阶层内部的婚姻增加了。人们不能再指望攀高枝的婚姻。"蛤原式女白领"的误区在于，她们看了介绍如何招异性喜欢的杂志。这类杂志提到了与医学系男生联谊时，足以迷倒他们的"必杀"发型及"必杀"穿搭示范是怎样的。首先裤装是绝对禁忌，医学系男生只喜欢穿裙子的女生。另外，"黑长直"则是攻略医学系男生的"必杀"发型。但现在医学系男生已经不会选择这种女生了。并且恰恰相反，他们会从跟自己有着一样高学历、经济阶层也相同的人之中择偶。如此一来，他们会选择与同行结婚，要么选择与医生的女儿结婚，选择后者是为了日后开诊所时能够给自己提供启动资金。

三浦：好像是这样的。"蛤原式女白领"只是被玩弄了而已。我采访女大学生的时候，她们说："医学系男生和男律师参加联谊，只是为了发生肉体关系。"

上野：这些男性对女生有着双重标准，分为他们视作未来妻子的女生和那些只是随便玩玩的女生。因此在处于上层的经济阶层中，逐渐出现了双职工双薪家庭[53]，夫妻双方的年薪都高达 1000 万日元，家庭年收入达到了 2000 万日元。按照"经济五分位阶层"[54]来看，这种家庭位居第五分位的顶端，妻子的就职率很高。

三浦：没错，女性就职率越来越高了。以您的女性主义视角来看，未来女性发生怎样的变化才是最理想的社会呢？"蛤原式女白领"从社会上消失会更好吗？

上野：面对这种问题我会纠结于是作为社会学学者还是女性主义者来回答这个问题，真是头疼（笑）。从社会学学者的角度来说，我是一个观察者，社会变动的发展趋势不由个人意愿，无关个人喜好。因为现实已经发生了，我们只能全盘接受。另一方面，作为一名女性主义者，我虽然在观察推测时希望事情朝某个方向发展，但它未必会如我所愿。

三浦：从您个人来讲是喜欢还是讨厌呢？

上野：虽然前面我说很欢迎这种变动，但对此也有厌恶之感。从宏观上看，的确女性的经济水平和发言权都有所提升，在男性社会中也出现了如"女子学校文化"那样的女性独特价值可行的社会空间，所以我一定是"欢迎"的。但随着女性的生活路线和价值观变得多样化，同样出现了许多新的难题。其中我最担心的是，"自我决定，自己负责"这种新自由主义的价值观渗透到了女性之中。

从某一个时期开始，结婚和生育不再是女性成长的必经之路，女性的社会地位和自我认同也不再会因结婚和生育而发生不可逆转的变化。最具代表性的就是"圣子妈妈"[55]了。她的出现向世人宣告："我是不会因为结婚和生育而改变的。"

三浦：她就像生化人一样没有变化呢（笑）。

上野：她们那辈人是在男女平等犹如空气般理所当然的环境下长大的，她们不再认为自己比男性的能力差。尽管如此，她们还是不得不面对性别不平等的社会，单方面被告知自己的定位是要"自我决定、自己负责"，只是将自身认可的意识形态内化了。不仅男女之间的差距，女性之间的差距也在扩大，女性之间也在上演着激烈的竞争。感觉女性之间不再是团结一体的关系，而是要争出你死我活才行。

三浦：女性之间的同类性俨然不在，只剩下了个人之间的竞争。结果就是女性主义一直以来促进女性走向社会，却加剧了女性的个性化和女性之间的竞争，甚至扩大了女性之间的差距。也有这样令人感觉讽刺的一面。

上野：在年轻的女孩子之间，个人主义化的确非常明显。当然，因为曾经与个人主义遥不可及的女性总算实现了个人主义，这一点还是令人欣慰的。作为"人生赢家"的女性为击败其他人花费精力，而成为"人生输家"的女性则把自己的失败归结为自己造成的结果，丝毫没有想与其他女性联结的意识。个人主义化还真是有利有弊呢。

03

80年代消费社会的弊端

★ 自我实现的"章鱼罐化"
★ "穷忙族"的矛头所向
★ 日本安乐死论

◎自我实现的"章鱼罐化"[56]

上野：回顾20世纪80年代的消费社会，可以看到消费的主要贡献者是"花子世代"，支撑PARCO发展的也是这些人，她们不再满足于仅仅追求工作与婚姻的生活方式。对于"花子世代"的出现，同样身为女性的我替她们感到羞愧。的确，女性有了经济实力，成了出手大方的消费者。女性不用得到任何人的允许，便拥有可以自由支配的收入，这是非常大的一个变化。我写过一本名为《寻找自我的游戏》（筑摩书房，1989年）的书，提到日本女性的"寻找自我"（也就是"实现自身价值"）没有朝着生产及创造价值的方向发展，而是面向了消费。在当时，女性只能通过消费这一途径才能实现自身价值。《男女雇佣机会平等法》[57]虽然出台了，却漏洞百出，没有什么实际效果。在我们社会性别论（gender）的学者中，有这样一个常识，那就是平等法没有改变日本的雇佣惯例，劳动的弹性化制度使大批女性沦为临时工。

平等法是有适用范围的。政府虽然进一步完善了平等法的体系，但不在该法适用范围内的女性劳动者，在那之后却大大增加了。女性就业人口虽然增加过一阵子，但那也是泡沫经济造成的假象。之后，经济发展开始低迷，平等法并没有起到保护女性劳动者的作用，而且，其间也一直在推动劳动市场的弹性化。学者们认为："平等法"最终并没有对改变女性的就业市场产生巨大影响。我仍记得我在20世纪80年代后半期到欧洲发表关于日本女性状况的演讲时，听众们的反应。我在演讲时讲到，女性实现自我价值有两种途径，一个是"self-realization through consumption"（通过消费实现自我价值），另一个是"self-realization through production"（通过参与生产活动实现自我价值），日本的女性选择了通过消费这一途径。但无论怎么解释，欧洲听众都觉得不能理解（通过消费实现自我价值）。

三浦： 是吗？

上野： 对于欧洲的女性来说，实现自我价值就意味着"参加生产活动"。可是，在日本还有"消费"这一途径，这对女性来说是更可行的。从宏观上来看，通过参加生产实现自我价值的性价比太低，所以女性都选择了"消费"这一途径。正是因为有这样的人存在，才造就了日本消费文化的鼎盛，即使解释给欧洲人听，他们也理解不了。

三浦：那美国人呢?

上野：连美国的女性主义者也不能理解这一点。因为支撑现代主义的根本之一便是"生产"至上主义，所以他们一致认为权利只能通过参与生产活动才能得到。参与消费是无法与权利挂钩的。

三浦：当下的时代，人们很难再抱有通过消费就能实现自我价值的幻想了，正如现在人们对消费的看法已经发生了转变，即"消费是为了寻找自我的一种游戏"正在变为"脱离消费才是为了寻找自我"。如果说 20 世纪 80 年代在寻找"自我"时，还有"消费"这一便捷的途径，这从某种意义上说很幸福、很轻松的话，那么在如今这个时代，"消费"不再让人感到幸福这件事已经不言而喻了。

我虽然没有那么懂中村兔，但让人感觉她的观点有些矛盾。一方面她说"到头来只有消费才行"，从而逐渐深陷购物上瘾的泥潭；另一方面，她觉得消费也不能实现自我，所以寻找性爱等更多其他的替代品。我认为一般人不会如此极端，也有人会为了寻求自我而一直徘徊不前。

上野：正如您给出的命题一样，的确，"消费是现代的宗教"。在 T. 凡勃伦[58] 提出"炫耀性消费"之前，"消费"从诞生之日那天起，就是一种"表演性"的行为。包括中村兔在内的很多女性之所以会购物上瘾，是因为哪怕自己再微不足道，在购买商品的那一瞬间，也可以成为"大众消费社会神殿"（详见第146页）中的女王。其中最具代表性的便是中村称自己为"女王陛下"。J. 奥斯丁[59]的《语言与行为》提出的"施为性言语行为"与此类似。就像神父说："我祝福你。"这句话没有任何实际意义，但说出来的那一刻，祝福行为便完成了。"I love you"也是如此，即使很想知道"既然你说你爱我，那么你愿意为我做什么呢？"但"爱"的行为在说完"我爱你"的那一刻便完成了。购物也是同样，买下商品的那一瞬间购物行为就完成了，买下的东西便被抛诸脑后，如同废弃物。正因为如此，购物才会让人上瘾，无法自拔。林真理子[60]说过，如果你衣柜里放着商标都还没剪掉的崭新的衣服，那就是有购物癖了。相信有很多人被说中了吧？

如同酒精依赖、药物依赖一样，为追寻更多的刺激，从而导致消费上瘾的阈值越来越高。购物场所从"涩谷109大厦"[61]变成"表参道之丘"[62]，衣服牌子也由"优衣库"（UNIQL）变为"普拉达"（PRADA），不久后发展至"爱马仕"（HERMES），不断升级。但实际上在"百円店"[63]也可以成为片刻的上帝的（笑）。20世纪80年代的消费社会提供了一个将低、中、高端融合为一体的市场，所以也被称为横向市场。

三浦： 人们通过消费成为上帝。但没有人会感谢他们，甚至不需要他们的存在。这便是消费的局限。有人注意到这一真相，便开始寻求消费以外的东西。我认为或许这才叫"寻找自我"。

上野： 通过消费寻找自我，逐渐在细微的差异化中"章鱼罐

化"。借用宫台真司的话来说就是"岛宇宙化"。只要沉浸在
"岛宇宙"中，就不再需要进行彼此攀比和竞争。这是阶层
分化的先兆。

三浦：的确是这样。

上野：虽然人们常说，消费行为"从持有变为体验"，"从
消费变为精神追求"，但令我感到奇怪的是，为什么在 20 世
纪 80 年代后半期人们毫不掩饰地想要往高处走。泡沫经济崩
溃后，原来并列存在的"岛宇宙"，变成了垂直排列的方式。
与此同时，出现了诸如"要自我独特性""保持原样就好"
等自我肯定性的言论，这些都是将阶层分化合理化的意识形
态。这种意识形态对现状进行肯定，"不往高处走也没关系"
"不努力也行""今天在百円店买到了 NANA[64] 同款的草莓图案
玻璃杯子，这就够了啊"（笑），这填补了对差距扩大感到
不安的年轻人的内心。

三浦：我认为泡沫经济前"章鱼罐化"后年轻人的时尚，的
确展现着一种阶层分化的快速发展。"竹笋族"[65] 与"*JJ*"[66]
女大学生属于完全不同的阶层。但在 80 年代前半期，"竹笋
族"的内心也强烈渴求更好的生活。因此当泡沫经济来到之
后，曾经那些一贯作为"竹笋族"的女孩子也变得向往古驰
（GUCCI）和路易威登（LV）。像"横滨银蝇"[67] 一样的女孩，
自然是崇拜矢泽永吉[68]，她们心中也想"为了开奔驰，大干一
票"。所以，在泡沫经济来临时，大家才会都要买奔驰。

上野：那时她们还相信一定有途径实现自己的阶层上升吧。

三浦：我认为是的。不然矢泽永吉的《暴发户》（小学馆，1978 年）也不会畅销。

上野：各种考试热也是那个时候的事，父母认为只要在孩子身上投资就能实现阶层上升。

三浦：那时，"团块二代"还是小学生，从 Benesse[69] 当时的调查来看，66% 的小学生认为只要肯学习就能获得幸福。他们的父母分成两派，一种是认为自己孩子也就这样了，还有一种父母读了《总裁 Family》[70] 之后，认为自己的孩子需要更加努力。

上野：没错。对于"总裁家庭"来说，父亲积极参与教育子女，早已不再是为了提升阶层，比起前者，维持自己现有的阶层并让孩子继承下去要更为重要。

◎ "穷忙族"的矛头所向

上野：关于社会格差问题，阿历克西·德·托克维尔[71] 就曾指出，近代社会自形成以来，如何处理弱者的羡慕与嫉恨[72]，是政治技术中最为关键的一点。换言之，如果不能将社会格差合理化，就不能保持权力的正统性。反过来说，没有羡慕、嫉恨，也不需要竞争的社会，就是很稳定的社会。

三浦：只是如今与托克维尔所在的 19 世纪不同，无论是收入再低的群体，还是再"下流"的群体，都有强烈的人权、权利、平等的意识。即他们并不能放弃自己，坦然接受不平等的事实。

因此，我觉得今后弱者的嫉恨会愈演愈烈。

上野：我想是的。嫉恨并未在以此为动力提升自己中得到消解，而是有可能随时爆发。您曾在《"自由的时代"中"不安的自己"》一书中与北山晴一[73]进行对话。熟知欧洲的北山一定很清楚，欧洲社会先于日本出现了阶层分化，成为阶级社会。北山的观察非常冷静，他说法国的郊外暴动[74]实际上就是在同伴的车里点了一把火，是暂时性的泄愤行为，绝不是跑到巴黎十六区的高级住宅区去火烧奔驰车。所以不会演变为阶级斗争。

三浦：没错。日本的东大阪大学生死刑凶杀案（2006 年 6 月）也是偏下层群体之间的厮杀，与宅间守的杀人事件[75]有些不同，后者的杀人源于嫉恨，他瞄准了家境优越的附属小学的小学生。

上野：嫉恨的能量如果没能投入竞争当中，就只能在自我毁灭中终结。这有拉低社会保障的危险。在日本，一直以来社会安全与自来水一样几乎等同于白送，今后安全也许会如同名牌饮用水一样，也需要付钱才能得到。在纽约，有些住在高级公寓的居民会雇用好几个身强力壮的门卫，墨西哥的富人们甚至会雇用全副武装的保镖。

三浦：有人说日本的社会差距根本算不上是差距，当然最理想的状态是容许一定程度的差距，同时所有人都能过得满意，但我认为仇富型的犯罪恐怕还会增加。宅间守案的凶犯以及绑架杀害奈良小学生（2004 年 11 月）的凶手小林薫给世人的感觉是，他们都认为自己是被一点点逼到底层的。他们正好属于"新人类世代"（1960—1968 年出生的人），跟宫崎勤[76]属于同辈人。社会都沉醉在泡沫经济之中，而自己却做不到，这种嫉恨便不断积累，最终爆发出来。这类事件发生后，"中流"以上的阶层会有危机感。但是像东大阪大学生事件那样发生在"下流"阶层内部的事件，即便是把厮杀视若游戏，对世人来说也是无关痛痒的。

上野： 美国的犯罪也一样。杀人和暴力事件都发生在住在犯罪高发区的穷人之间。

三浦： 在日本，不会有擅闯首相官邸那样的人。因此我一直在想，至今为止，这种低收入群体不正是一直自己在负责自己的人生吗？蔬菜店经营不下去了就开便利店，盒饭卖不完就自己吃掉，但最终还是竞争不过大型便利店，只好关门再找其他的事做。选什么职业是自己的责任，干不下去关店也是自己负责，一辈子都在重复同样的事。

上野： 真的是这样，干一天拿一天的钱，没有雇佣保险和失业保险。

三浦： 即使没人强调要他们对自己负责，底层的人也一直是这样做的。

上野： 没有人会帮他们。

三浦： 最没有自我责任感的就是公务员了，还有就是一部分大学教授。

上野：的确（笑）。这样看，"寻找自我"从某种意义来说就是一种"肯定现状的设置"了。这样会有什么坏处呢？

三浦：虽然我也不敢断言这样不好，但我还是想问问他们："这样真的好吗？那十年以后呢？"

上野：难道说您是近代主义者？

三浦：那当然了啊（笑）。

上野：比如拿结婚和恋爱来说，找到配偶是最终的目标。那些达不成目标的人，都拉高了晚婚化、不婚化的比率。但如果有这样一个社会设定，让谈不了恋爱、不能结婚的人，也成为一种理所当然的存在，那他（她）就不用羡慕别人了，甚至可以半开玩笑地公开说，"我都十年没有男朋友了，是第二处女"，"我都 42 岁了还没谈过恋爱，还是处男"，这样不也挺好吗？

三浦：但在结不了婚这点上，就男性而言，并不是因为没有男性魅力什么的，而是经济实力不够造成的，所以他们没资格说"现在这样就挺好"。他们将来能否养活自己都还说不准呢。

上野：如果能维持最基本生活的话，这样倒也无妨，但要是生活在贫困线以下的话就存在问题了。像"穷忙族"那样，无论怎么拼命工作都不能摆脱贫困的话，那就是违反社会公平了。据说，需要申领最低生活保障费的家庭今后会越来越多，这将会导致这一保障费的发放率越来越低。

三浦：前面说过，我所担心的是，跟以前的穷人不同，如今收入再低的人也有很强的平等和权利意识，以此为基础便会出现"我岂不是很不幸？社会岂不是很不公？这岂不是很没有道理吗？"的想法。

上野：在格差社会，处于下流阶层的人们并不会这样想。一般来说，相对剥夺感[77]最强的人与其说是下流阶层，而不如说是中流阶层。因为中流阶层会把自己与上层和下层进行对比。

三浦：如果按照您说的与他人比较的才叫中产阶级，那么仍有很多人并不是下流阶层而是中流阶层。

上野：我觉得是这样的。

◎日本安乐死论

三浦：可我还是觉得下流阶层中放弃攀比的人很少，很多人因为攀比而变得不幸福。跟现在的年轻人说"这样就行了"，如果他们能就此接受自己的话，或许会产生出一种不同以往的价值观。但是资本主义的企业社会体系，还是会继续要求年轻人更加上进，不断提高个人能力。并不是入职之后便会如履平地一路高升，而是更多地被灌输这样的信息："要终身打磨、不断提高自己"，"不只是你自己要这样做，你的孩子也要如此"。

上野：每个企业都是这样吗？

三浦：和民[78] 就是典型的例子。

上野：美国是很典型的，企业希望录用有能力的人才时，国内人才市场如果没有充足的资源，就会毫不在乎地引进国外人才，比如从印度或中国。虽然美国的高等教育是巨大产业，但另一方面，人们认为初等教育已经崩溃了。美国认为如果自己国家不能再生产出这样的人才，那么就利用其他种族的人就好了。越是发展中国家的人才，上位心理和竞争意识越强。日本的年轻人冷眼旁观了这一切，没有患上英国病[79]，而是染上了缺乏斗志的日本病，他们也许会慢慢地被淘汰掉。

三浦：的确，在日本，因为缺乏人才，从海外引进人才的呼声越来越高。

上野：全球化带来了劳动力的国际迁移。只要有好的工作机会，而且没有任何管控，劳动力便会在世界范围内流动。

三浦：也就是说，不用仅凭日本国民去提高能力，只要找到优秀的人才就行了。这就是所谓的人才比较优势论吧。

上野：如果不愿意请外国劳动力，那么让经济低迷就行了。经济不好的时候，外国劳动力自然就如退潮般离开。反过来说，一直有外国人前来的话，说明这个社会在经济上还是很有魅力的。在经济富裕的社会中长大的孩子会出现丧失竞争力的倾向，我认为倒也没必要抵抗，也不必突然暴怒。"和平地走向毁灭便可以"，这是我的想法，也就是"日本安乐死论"。

三浦：国家的安乐死吗？

上野：对。也不需要什么少子化对策了。

三浦：看来您是无政府主义者呢（笑）。可是，只是自然环境可持续发展也没有意义，社会也得可持续发展啊。少子化使社会不能持续下去，在这层意义上我对您的看法持反对意见。就算国家没有了，我还是希望社会能保留下来。大不了像法国世界杯足球队一样都是黑人队员，也能存活下来。

上野：在体育这种靠实力吃饭的行业表现得尤其明显。花钱请厉害的选手加盟，比如只要让他们身披法国国旗代表法国比赛就行了。对于足球队的多种族和多国籍化，大家都习以为常了，可是一到世界杯赛场就俨然一副国与国对决的样子。

三浦：以实力为标准选拔人才，优秀的人聚到了一起，自然会这样。对于既没有干劲又没才能的日本人，国家会不会是在要求他们"请优哉游哉，只管消费，然后心满意足地活下去"呢？

上野：应该不会这样想吧，至少奉行新保守主义的安倍政府是不会的。有一段时期，日本的政治家们，尤其是执政党的相关人士，因为无法丢掉日本的国家尊严，从而希望维持住日本的国际地位。为此，也不得不维持国民经济的规模。

三浦：通过保持纯正血统那种方式来维持吗？

上野：是的。所以少子化是大敌，那些不生孩子的女性会被批判。我是资深"败犬"了，不久的将来，不结婚、不生育的女性也许会被称为"国家的敌人"（笑）。

三浦：也许女性很想要孩子，但男性却变得不想结婚了。在经济界，我们可以见到这样的说法在增多，那就是："比起日本的废柴男性，不如从国外找更好的，日本那些低能男性，就请他们安逸地活着吧。"

上野：我倒没有这样觉得。对于政界商界来说，少子化绝对是个危机。他们应该目睹并体会到了西欧接受移民的发达国家在吸纳外国人时，付出了高昂的治安及福利等社会成本。所以才想要增加纯正血统的日本人。而且，为了提高国民的凝聚力，将歌曲《加油，日本》中蕴含的民族主义，也最大程度地利用了。我想问一下您的看法，小泉执政时期新自由主义与民族主义勾结在了一起，但是理论上这两者没有必然的一致性理由。彻底推行新自由主义的话，民族主义反而是绊脚石。小泉政府的新自由主义与民族主义进行勾结是历史的偶然。

三浦：正如您所说。我认为新自由主义恐怕最终是不需要国家的，而是朝着"只要保住我的公司就够了"这一方向发展。

上野：而且这个"我的公司"早就被外资收购了，努力工作，到头来只是起了先头兵的职能，把国内市场挖空。

三浦：外资也好，本国企业也好，作为企业来说应该都是想生存下去的。比起公司，自己的小家更为重要，公司的老板是不是日本人也没关系。从这个意义来看，站在国家的角度，如今企业和经济界正变得不可控。

上野：也许就是这样。堀江贵文[80]的"活力门"[81]公司打算收购日本电视台时的资金也是来自外资。到头来占便宜的还是外资金融公司。新西兰的邮政民营化经常被拿来举例说明。因为在实现邮局民营化之后，邮政被美国的资本收购了。它的一个结局便是一个国家的通信事业养肥了外国的企业。按照新自由主义的逻辑，只要降低了成本，这就足够了。

04

少子化问题与子女教育

★ 生育行为的阶层分化
★ 放养型教育还是强压式教育
★ 男女差距的不公平感

◎生育行为的阶层分化

上野：您是怎么看待少子化问题的呢？

三浦：我个人还是相对单纯地觉得过了25岁就要结婚，然后总会生个孩子，骨子里完全被刻入了这种想法（笑）。我一直在想还是结个婚比较好，毕竟少子化这样发展下去，国力方面也会出现各种各样的问题。这样说可能有点不合时宜，但我感觉只要还是由支持"男女共同参画社会"[82] 推进计划的那些人在讨论如何解决少子化问题，就不会有结果。

上野：此话怎讲？那么有解决少子化的特效药吗？

三浦：虽不是特效药，我觉得哪怕妨碍女性走向社会，也要增加男性正式员工，并提高他们的工资，这样做的话，短期内结婚率会不断上涨。

上野：肯定会的。1992 年诺贝尔经济学获奖获得者贝克尔[83] 早在四十年前所著的《人力资本》（1964 年）一书中就指出："想要提高出生率，只要强化劳动力市场中的女性歧视就可以了。"他还为此进行了模拟，测试提升一定程度的女性歧视，出生率会相应地提高多少。

三浦：这样啊。

上野：现在的少子化不仅仅是不结婚造成的，还包括已婚女性的生育率（婚内生育率），特别是专职主妇的生育率同时下降的原因在内。这两种情况并存。的确，强化劳动力市场的性别歧视短期内可以提高结婚率，但这并不能保证生育率也会随之提高。

三浦：为什么没有工作的家庭主妇的生育率下降了呢？

上野：男性的经济实力不如以前了，只有男方有收入，家庭就没有经济能力生孩子。这与意大利出生率下降的情况相同。意大利国内的问题存在南北差异，在北方，女性劳动参与比率高，所以没有时间生孩子，而南方的专职主妇比率高，但没有收入，所以也生不起孩子。虽然原因不同，但两者都导致了生育率下降。

三浦：这两种问题日本都存在吧。

上野：所以那种认为女性只要成为专职主妇就会生孩子的说法是大错特错的。哪怕是存在专职主妇的家庭，出生率也在降低。

三浦：就算双方都有工作，如果男女收入存在一些差距，短期内也会促进生育吧？

上野：这种情况需要满足下面的条件，即企业要支付男性员工足够的薪水，从而保证丈夫仅凭一方的收入也可以养活妻子和孩子。可如今的日本企业已经没有能力支付这笔钱。如此一来将来就会产生两种阶层，一种是尚有余力拥有家庭的阶层，另一种则是没有余力的阶层。家庭已经成为奢侈品，有余力支付维护成本的阶层才能拥有得起家庭。

三浦：是啊。

上野：社会已经逐渐朝这个方向发展了。

三浦：所以普通的中流阶层家庭很难负担养育孩子的费用。感觉有能力养育孩子的要么是富裕的家庭，要么就是虽然收入低，但父母住在附近，有父母可以依靠的家庭。还有就是农村的个体户家庭。

上野：另外，单亲妈妈越来越多了。这也是一种美国化现象。妈妈是单亲妈妈，所以女儿也会成为单亲妈妈，这就是所谓单亲妈妈的代际传递。当单亲妈妈成为家族传统就无所谓了，也就是前面说的，"这样有何不可呢？"或许这样也没什么不好的（笑）。

三浦：那就成母系社会了。虽奉子成婚生了孩子，但离婚后就只剩下女人孩子了。

上野：男性会逃避。何况失业率居高不下，他们根本没有能力养活妻子和孩子。在黑人和西班牙语裔美国人（在美国讲西班牙语的拉美移民）等社群中就存在这样的母系社会。

三浦：妈妈是未婚先孕的年轻妈妈，被丈夫抛弃，女儿也步妈妈的后尘，长大后同样成为"奉子成婚"的年轻妈妈，这种例子很常见，对吧？

上野：日本似乎也在不断上演这种代际的连锁反应。

三浦：还有 40 岁就当上外婆的。

上野：有了外婆的帮助，就能把孩子生下来并养大。第一辈这样，就有下一辈仿效。在冲绳，这种母系型的世代间相互援助很普遍，所以离婚率也很高。

三浦：年仅四十岁的外婆，因为还年轻，所以能帮上很多。

上野：不仅结婚，生育行为也在发生阶层分化。

三浦：不知道厚生劳动省有没有做这方面的调查，恐怕做了也不想公开数据吧。

上野：我想肯定做了调查。人口学研究的数据显示，在日本非婚生育率总算超过了 1%。而欧洲最低的意大利都达到了 7%。20 世纪 80 年代，意大利的非婚生育率也不过在 1% 左右，而在这十年左右的时间里迅速涨到了 7%。反观日本一直没有突破 1%，经过很长时间，现在总算超过了 1%。与 OECD（经济合作与发展组织）的其他成员国相比，低得几乎可以忽略不计了。还有一个我很不能理解的是，媒体和社会整日叫嚷少子化问题如何如何严重，但未满 20 岁的少女因意外怀孕而做流产手术的数目却在剧增。我认为那不如就把孩子生下来，那样日本的出生率也会上升一点吧。但是政经界的掌权者从未考虑过支援单亲妈妈的对策，他们虽然想要孩子出生，但却不欢迎没有父亲的孩子。

三浦：类似长子继承制度吗？

上野：也不是，我认为他们只是不想在缺失男人干预的情况下，让女人擅自生下孩子。父权制社会的一大特征就是女性和孩子都要从属于男性。我觉得就算是格差社会，只要能维持生活最低标准[84]，或者即使生活水平处在底线，还有社会保障兜底，维持现状、不与别人攀比也没关系。这种多样化也是可行的。

三浦：没错。或许时代早已存在这样的一面了。话说，您自己如何看少子化现象呢？是时代发展的必然，所以无能为力？还是有什么解决方法呢？如果您觉得不用解决，又是出于何种理由呢？

上野：到了生育年龄的男女作为个体，有选择生育还是不生育的自由，少子化就是其结果，是集体性现象。因此，比起那些通过国家强制力或社会性制裁的手段控制生育的社会要好得多。我认为以个人为主体的性行为和生育行为，国家权力不应该干涉。关于人口现象，人口无论是增加还是减少，其原因并不明确。日本的人口从明治时代开始，仅仅在一个世纪内就由 3000 万增加到了 1 亿 2000 万，100 年增加了 3 倍，再有半个世纪人口将减少一半，不是也挺好的？虽然也会有人说这样一来国民经济规模就会缩小，就不能维持 GNP[85] 大国的称号了，但我认为应该抛弃大国意识，就算 GNP 仅有二线水平，但人均国民收入较高，走类似于瑞典和新加坡那样的生存之路也是可以的。只是新加坡那种权威主义的管理社会模式还是算了吧。少子化对策与让出生的孩子过得幸福的政策是两码事。有必要建立这样一个机制，不论是怎样的父母以何种方式生下来的孩子，这些为数不多的孩子都应该由整个社会精心呵护。

三浦：对了，山下悦子[86] 在《不能使女性幸福的"男女共同参画社会"》（洋泉社，2006 年）一书中说您与大泽真理[87] 一样憎恶结婚生子的女性，并且极端蔑视承担家务、育儿以及参与地区活动的专职主妇，你们对她们有异常的仇恨。受你们的思想的影响，不少家庭瓦解，从结果上加速了少子化。但山下能否正确理解您和大泽，我是表示怀疑的，因为对我的《下流社会》一书，山下也是进行了错得离谱的解读，将书中的事实判断与价值判断完全混为一谈。另外，我以前见到一位女性，她是运营某地育儿网站的核心人物，她表示现在少子化对策的工作都是由那些认为生孩子会耽误工作的女性来承担的，以这类人制定的政策为指导是无法增加孩子数量的。对这种意见您怎么看呢？

上野：山下这个人只是基于个人嫉恨胡编乱造。男性媒体的一个惯用伎俩就是让女人写书攻击女人，山下就是中了他们的圈套。拉动女性出来工作的不是我也不是大泽，而是新自由主义盛行下的劳动市场使得女性不得不出来工作，不工作就活不下去。而制造出以此工作方式不能兼顾工作和育儿的机制，其责任全在经济界。少子化对策支援的对象从专职主妇转变为在职母亲是时代的趋势。能够使女性兼顾工作与育儿的支援政策早就有了，只是经济界不愿采纳罢了。

三浦：的确如此。

◎放养型教育还是强压式教育

上野：最近，我因工作关系读了一本很有意思的书，是本田由纪[88]写的，书名是《多元化的"能力"与日本社会——在"超级能力主义"化的进程中》（NTT出版，2005年）。她提出了一种"超交流能力"的概念。如今衡量一个人的标准不再是单纯的交流技巧，而是"干劲""积极性"等体现人格魅力的交流能力。

三浦：也就是"超级能力主义"啊。在如今的聘用体系中，就算笔试通过了，面试也有可能被刷掉。而且在某种程度上，这种概率与学历成正比。

上野：从结果上说是这样。但这种能力不一定都能以偏差值[89]来测定，所以还可以补救。

三浦：我认为本田想指出的是，正因为这种能力不能用数字衡量，所以才难办。有一本书叫作《人90%靠外表》（竹内一郎，新潮社，2005年），另外还有一则"东大女学生60%都是美女"的报道甚至出现在了2006年5月的《AERA周刊》[90]上。宣扬外表可以加分的信息屡见不鲜，比如说"健康、开朗、漂亮又聪明的女性都是东大的""健康开朗、美丽聪明的女性都会去东大"，媒体不断鼓吹"漂亮的外表会加分"这样的信息，而这类信息有时反过来也会创造出现实。

上野：不用担心，东大学生的平均交流能力很差的（笑）。所谓"个性"其实就是指价值的多元化。这取决于他认为什么是好的，什么能让他感到幸福。

三浦：比如父母强迫孩子一定要考上东京大学，或者毕业后要当一名医生。人们会觉得很可笑。但反过来，如果父母对孩子说："你活出自己就好。"这同样可能成为一种强迫。对女孩子说"你当个家庭主妇吧"与"你要成为职业女性"，都是在强迫他人，如果她们想要的是另一种生活的话。

上野：当然，告诉别人只要活出自己就好，这件事本身可能就是一种压迫。

三浦：只要孩子能适应，就让他刻苦学习，考入医学系或许会更好。可是有的父母会对孩子说："你没必要那么拼命。"还有的父母说："不擅长算数是我家孩子的个性，就由他去吧。"现实生活中，这样的父母并不少见。

上野：跟有些教育学家的口气很像呢（笑）。

三浦: 那些教育学家的书里就是这么写的。有些孩子走别的路，本可以将能力发挥得更好，可父母偏要让他读东大；还有些孩子很适合读东大法学部，将来毕业后成为一名法官，可父母却说："轻松自在地活着就好。"这两者不都是父母的自私自利吗？

上野: 但是，怎样才能感到幸福有时候是很主观的。您应该听说过吧，"家里蹲"的人大多是价值观十分保守的。

三浦: 保守？

上野: 他们深信上个好的学校，或者有个像样的工作才是有价值的。所以他们才会不轻易饶恕自己，才会闭门不出，他们是过于认真的那种人。抑郁症患者也是如此。因为凡事都不能马马虎虎，所以才变得抑郁。如果没有这种价值观，他们就不必受其逼迫、折磨，可就是因为这种价值观存在，所以别人还没说什么，他们已经在苛责自己了。如果他们能像"废物联盟"[91]那样说"不行就不行呗"，或者像"伯特利之家"[92]的患者那样，生病了也会说"挺顺利的"就好了。

比如说，有两种孩子的父母，一种父母说"这孩子天性就是学不好数学"，另一种父母说"你应该能学好数学的，为什么考了这么差的分数"，估计在后者的教育下，孩子出现闭门不出的概率会更高吧？

三浦: 嗯，这种情况肯定是有的，对这种孩子就得跟他说"按照你自己的节奏来就好"。但这句话并不像滨崎步[93]那样适合所有人。

　　但是，您在与心理咨询师信田沙代子女士的对谈（《结婚帝国：女人的十字路口》，讲谈社，2004 年）中，有过这样的对话：

　　信田：我做着并不想做的工作只是为了谋生。

　　上野：所谓工作，就是维持生计的权宜手段。有人说谋生手段与爱好理应一致，这是不切实际的幻想。而村上龙 [94] 的《13 岁的职业介绍所》（幻冬社，2003 年）则鼓动了这种幻想。（中略）你所做的事别人为什么肯付钱？那是因为你做了对他有用的事，要想别人从口袋里掏钱，那就要掌握有益于他人的技术，做按摩也好，学外语也好，都是对人有益，才能得到报酬。不要想着做自己喜欢的事还能让别人掏钱，喜欢的事要自己掏腰包去做，都想什么呢！（笑）

　　从您的这段话看，岂不是在说"保持现状不行"吗？

　　上野：就算不能在竞争中胜出，基本的技术还是可以掌握的吧？就算不能成为 PT（理疗师）中的领军人物，只要有 PT 的技术就可以帮助别人，也可以以此为生。就算不是自己想做的事，还有很多工作是人们需要的、能收获感谢的。比如谁都可以去考一下二级上门护理人员的资格证书。我自己都在考虑退休后也考一个呢，也许比大学老师还能得到别人的感谢吧？这种靠基本的技术谋生与"保持现状就好"并不矛盾。

　　三浦：虽然说做自己就好，但是应该保持在哪一阶段才好呢？

比如说十岁的自己？真正的"自己"其实并不存在，但却对他说"做自己就好了"，这样反而让他感到困惑，变得孤独，到头来，现在的年轻人只有在足球世界杯中为日本加油时才会兴奋了。

一般认为逼着孩子要考上好大学、进入好公司的父母不好，而选择放养并尊重孩子天性的父母就是好的，我一直也是这样想的。但这样做对孩子来说就一定是好事吗？当然很难说"尊重天性"就是不好的。我在《下流社会》中也写到，我认识一对夫妻，他们过着嬉皮士般的生活，但没有人知道他们的孩子是否想跟父母过一样的生活。但是父母过得随心所欲，孩子也只能在这种环境下长大，如果发掘出那孩子的潜力的话，说不定还能成为纵横世界的国际律师呢。

看来，让适合过嬉皮士类型生活的孩子成为律师是父母的硬性强压，相反，让适合做律师的孩子过嬉皮士类型的生活同样也是父母的自私自利。在批判学历主义和填鸭式教育时，经常说填鸭式的就是恶的，非填鸭式就是好的，我一直也是这么想的，但从父母的私心这个意义来说，不管是当嬉皮士还是读东大法学系，只要是父母强迫的，两者便是一回事。所以我想，社会是否需要建立这样一种机制：不论父母是怎样想的，都可以发掘并发挥出这个孩子的潜力。

上野：您的见解很有教育启蒙性。我能体会到作为一个拥有处在受教育年龄段孩子的父母的切身感受（笑）。您说得很对，应该让孩子有更多的选择。有一种想法是，干脆把接受高等教育所需的费用以贷款的形式让孩子本人承担，借此打造一个孩子可以自主选择、不受出身影响的机制。这样一来，无论孩子做什么样的选择都不受父母经济水平的影响。其中也一定会有一小部分的人，最终没能毕业也找不到工作，还不起贷款成为"老赖"。这也在预想范围内，就当作社会为培养人才而对未来进行的投资。

孩子最能看清父母的伪善，无论父母是搞生态学的，还是嬉皮士，在他们身边长大的孩子总能看穿父母生活中存在的某种伪善，他们是家庭内部最敏锐的批判者。所以这就是为什么看一个孩子选择什么道路，就可以判断他父母的人生如何。但是，也能从挖掘孩子的"潜力"中感受到父母的私心。比如一个人有潜力成为专业钢琴家，但本人到达一定程度就止步了，反而选择了过一辈子都以音乐为伴的幸福人生，这样不也很好吗？虽说潜力需要发掘，但是假设人的潜力是 100 的话，有人发挥了 50% 就能过得很幸福，也有人因被要求发挥出 120% 的潜力而处在水深火热之中。

对自己人生的满意度，衡量的标准是什么？什么是幸福的？如果将衡量幸福的尺度多元化，就能减轻个人的压力，社会也会趋于稳定。

三浦：要调动以音乐为友的潜力，也是需要某种程度的强迫的。因为父母得把孩子拽到雅马哈（YAMAHA）[95] 音乐教室去上课。所以，对一个发挥出 80% 的潜力才能得到幸福的人说"50% 就够了"，这难道不也是一种强迫吗？

上野：的确是这样，但如果是让已经发挥出 100% 的人去使出 120% 的潜力，这算是强迫吗？

三浦：也算是的。

上野：两者都是压迫。

三浦：我也觉得是这样。说到底，仅凭小家庭系统中的父母的狭隘想法去培养孩子本身就很难。

上野：您说得太对了。

三浦：很久以前，因为民众也不懂什么教育知识，学校的老师会对孩子的父母说："这孩子留在乡下就可惜了，送到东京的学校读书吧。"我觉得那时候是有一种选拔的体系的。就是将孩子与父母分离开来，由教育行政部门来判断孩子的发展空间。放到现在这种做法当然不太可行，但我认为最好还是需要用多元的视角来看待孩子。因此父母如果有一定的经济实力和文化资本，孩子的可能性便会提升。或者，仅靠父母的判断就决定孩子去什么学校，接受何等的教育之类的，这样真的好吗？对此我表示怀疑。

上野：您是想说要从多元的视角，以多元的尺度来看一个孩子吧。我非常理解这种切身实感，这是身为父母的正当想法。我见过很多学生，站在他们的立场来看，跟父母的关系如此紧张，是因为没有别的选择。在孩子看来，自己是没有任何退路的。父母对孩子的影响过大，或是父母身上的责任和担子太重，这导致了亲子关系过于僵化。孩子想尽份孝心，所以一边看着父母的脸色，一边为了不辜负父母的期待拼命努力。让人看了心痛。您说得很对，要是一切都由父母决定，孩子的确很不容易。

不过，父母自身都没有别的选择，更何况孩子。他们只有被提供选项的份儿，也没得选。孩子既没有其他路子的信息，也没有接触过父母以外的范本。拿我自己来说，我是一名教师，写作是我的看家本领，我一直尽力向学生传授毕生绝学。我有时在想，也许有些学生更适合画画，或者通过行为艺术展示自己，我这么做是不是抑制了他们的"潜力"？我只能对他们说"对不起，那个我教不了，你们去找别人教吧"，然后只好放手。

三浦：所以，除了父母以外，有必要让第三方参与判断孩子的能力及资质，一起为孩子的将来考虑。当然这里说的第三方，不能是学校或行政部门，所以依然残留了这样一个问题，那该交给谁去做呢？

上野：孩子是有生存智慧的生物，他们会奔着对自己最有利的地方去。如果身边同时有好几个大人，他会选择向着自己说话的那个人。不过这仅限于有多种选择的情况。婆媳矛盾中吵得最厉害的就是育儿问题。原本相处得还不错的婆媳在孩子出生后，也会出现关系恶化的情况。在孩子教养和教育方面的矛盾会演变成你死我活的战争。

有的媳妇对婆婆说："希望我对儿子的教育可以保持连贯性，所以请您不要插手。"每当看到这样的妈妈，我都会想：为什么不给孩子退路呢？从小就应该让孩子知道他的身边是有跟妈妈持不同意见的大人在，否则的话，孩子的可选范围会越来越窄。您之前说得好，父母独自承担责任，但这太沉重了，我认为父母本身缩小了孩子的选择范围，并且对孩子有着绝对的决定权。面对此等重任，父母估计会两腿发软吧。

三浦：肯定会发软的（笑），当然也有人不会发软。

上野：是啊，真的会有腿不发软的，所以才令人惊讶（笑）。您作为社会观念的提倡者有着怎样的职责呢？是提醒我们："下流社会以后成为坏账就糟了"，以便为我们敲响警钟吗？

三浦：嗯，我想告诉人们"因为父亲没有出息，孩子也会没出息"的社会需要纠正。一般来说，有些人做了很多赚钱的工作挣了一个亿，而有人做的工作不那么赚钱，只挣了三千万，这完全没有问题。我只是觉得，孩子的生活方式由父母取得的成就定夺，是很奇怪的。我完全不担心大人之间产生的差距。

◎男女差距的不公平感

上野：实际上，很多研究成果表明，家庭的文化资本是会再生产的。从同一起跑线开始的公平竞争并不存在。

三浦：没错，现实也是如此。但这是否应该纠正呢？您的看法是根本无法纠正吗？女性和弱者，您会站在谁的立场上呢？

上野：我认为没有必要让所有人卷入同一种竞争。存在差距的社会如果能变成价值观多元化的社会，人们只要能在自己的一亩三分地上过得幸福就可以了。以前有的父亲会说："不要羡慕别人家，咱家有咱家的风格。"这句话虽然同时也体现了一种身份社会的标志，但只要过分的歧视和差距能被纠正，我是赞成多样化、个性化的。只是有一个问题，那就是哪种程度的差距是属于社会允许范围内的，关于这一点有很多争论。（比如兼职劳动法的目标是将小时工的工资提高到正式员工工资的70%这一水准。虽然70%这个数值也不一定合适，但比目前前者工资仅为后者的30%左右甚至50%要好得多。）众所周知，北欧国家的男女工资差距在全世界是最小的，但也不过是反映了其劳动者之间的工资差距本来就是全世界最小的事实。差距可以有，但是要在社会允许范围之内，或者说至少要维持底层人能够生存的水平。

三浦：推进男女平等，女性之间的差距就会扩大，这也是迫不得已的，还是要接受。最近很多人在说因为收入差距扩大，导致基尼系数[96]发生怎样怎样的变化。也有人说实际上差距并没有那么大，但人们基于亲身体会而对差距扩大的感觉更强烈了。关于这一点，我觉得应该按照性别，对过去30年间的个人收入差距的情况做一个调查。

1980年，30—34岁（"团块一代"）的女性之间或许基本没有收入差距。大部分女性都是专职主妇，没有收入，即使有收入，顶多也就是打打零工，因此可以推测出当时有收入的女性也没什么收入差距。另一方面，当时的男性有年功序列体制的保护，不像业绩差距那样，有那么大的收入差距。但是男性与女性的收入差距是很大的。不过当时认为这是男性与女性职责不同带来的差距，除了持您这样立场的人以外，社会并未将其视作差距。但是，如今30—34岁（"团块二代"）的女性，除了像以前一样做专职主妇和打零工以外，还有未婚的派遣员工和自由职业者，甚至也有位居综合岗、管理岗的人在。所以与以前相比，女性之间的收入差距扩大了。男性也因为企业越来越看重业绩，同龄人之间的收入的差距相比以前变大了。也就是说，男性与女性之间的阶层差距虽然缩小了，但是同性之间的收入差距扩大了。无论男性还是女性，都面临着这样一种情况，与同时期入职的同事、同一届的同学相比，收入也完全不一样。从调查可以看出，人们与自己周围的人之间已经有了差距，我认为这是人们实际感觉到差距在扩大的原因，您觉得呢？

上野：我完全同意你的说法。我一直都说，作为正式员工的丈夫与做小时工的妻子"地位"不同，这样一来便是身份不同的夫妻。人们之所以会意识到格差社会的问题，是因为男性之间的差距成了社会问题。男女之间差距明显的时候，格差社会被隐藏在社会性别背后，甚至没有人将其称为"格差"。日语中"格差"这个词，包含了与"不合理的""社会不公"有关的价值判断。一直以来，甚至没有人意识到男性与女性之间的差距是"不公平的"。当然女性主义者一直在为此伸张正义。褪去了性别的掩盖，差距才真正作为差距被人们所关注。

第二部

团块一代、团块二代、后团块二代论

01

『团块一代』男性的未来

★ "团块一代"的男性是自作多情的大叔们

★ 让老家寄来大米的"团块一代"

★ "团块男"指望比自己年轻的女友照料老人？

◎ "团块一代"的男性是自作多情的大叔们

上野：您多年来一直都在调查团块一代这个群体，您对他们是怎么看的呢？

三浦：虽然被统称为"团块一代"，这个群体的个体还是存在差异性的，所以我很难对他们进行评价。对我个人来说，他们是一种反面教材，但另一方面，我也曾享受过他们所创造的年轻人文化，所以对他们的评价具有两面性。作为工薪族我虽然没有被"团块一代"欺压过，但我问了一下曾在较为普通的公司中工作过的我的同龄人（1958 年生），他们都表示"团块一代"是令人讨厌的一代人。

上野："新人类"（1960—1968 年出生的人）和"谷间一代"（1952—1957 年出生的人）都把"团块一代"视作仇敌，对其恨之入骨。

三浦：特别是"新人类"确实很讨厌"团块一代"。其中多数人都表示从入职那天起就一直受"团块一代"的欺压。我倒是没有这个经历。

上野：没有遭遇这样的经历，您真的十分幸运。您这代人入职的时候，"团块一代"已经做到中层管理干部或是下层管理干部了吧？

三浦：是的，比如股长什么的。

上野：你们的顶头上司便是他们那一代。身为管理干部的"团块一代"男性，是最后一批使用老一辈管理技术和管理手段的人。一旦有情况发生，为解决问题，他们不管对方是否愿意，就会自掏腰包约对方出来喝酒，因为他们公私不分，所以被人讨厌（笑）。而且他们被讨厌了还不自知，摆出一副恩人的样子，好像在说："我都为你做到这个份上了……"虽然这完全是自作多情，可是他们却对自己的想法深信不疑。

三浦：没错。

上野：接下来的一代人更加个人主义化，他们的想法是："我才不想连私生活都要被上司干涉""就算我有烦恼，为什么必须向你倾诉不可？"但这是因为职场中没有"团块一代"的女性，上司都是"团块一代"的男性。我觉得"团块男"

与"团块女"的差别巨大，完全看不出他们是同一代人。"团块一代"的男性是最后一波旧社会的男人。他们嘴上说要建立"像朋友式的家庭"，实际建立的还是老一套的父权制家庭，实行"男主外，女主内"的分工模式。

三浦：所以我个人虽然对他们毫无仇怨，但在分析他们的时候有时很恼火。就像您所说的，他们只不过是赶上了好时候而已，但不知道为什么有很多人以为是凭借自身的能力才走到了今天。

上野：原来你是看不惯这一点。

三浦：是的。而且他们在各种场合下都备受关注。并且他们还是生意场上最受瞩目的一代。我们 1958 年左右出生的人数量最少，丝毫得不到关注（笑）。

上野：但是"团块一代"中成为政治领袖的倒是很少呢。也就只有菅直人[97]了吧？

三浦：也许是"团块一代"中对政治感兴趣的人并没有成为政治家吧。菅直人是个特例。堺屋太一[98]也曾说过，因政界中缺少"团块一代"的人才，所以才一下子轮到了安倍掌权。即使从旁观者看来，大部分"团块一代"都没有让人感觉到他们在拼命工作。

上野：说起团块一代论，北田晓大[99]的《可笑的日本"民族主义"》（日本放送出版协会，2005 年）这本书您读过吗？

三浦：读了一点。读的时候我就在想，北田他们这代人必须把 20 世纪 70 年代和 80 年代作为历史来学习，真是不容易啊。

上野：我读了之后也有点意外。北田从 70 年代的事件写起，联合赤军 [100] 是全书的关键。我难以理解为何这个时代对北田这些"团块二代"的人来说如此重要。看来 70 年代给予他们的心理冲击还在。

也有人从批判性的视角讲述了"团块一代"，比如大塚英志 [101]（1958 年出生）。他们这个年代的人尤其受到女性主义潮流的影响，因此对女权的看法很矛盾。他们有着自然的男女平等意识，但同时，那些主张自我却不想负责任的女性让他们吃了亏，所以才会有这种爱恨交织的矛盾心理。山崎浩一 [102]（生于 1954 年）和中森明夫 [103]（生于 1960 年）也都属于同一代人。

大塚英志曾写过一本关于"团块一代"的优秀论著，名为《"她们的"联合赤军——亚文化与战后民主主义》（文艺春秋，1996 年），但有一处让我感到违和。大塚说，永田洋子 [104] 希望在联合赤军组织中树立的，后来却被她亲手扼杀掉的思想，即后来以"女性主义"之名蓬勃发展的思想，是一种消费社会性质的东西。我认为这一看法有待商榷。大塚的职业生涯始于作为漫画杂志编辑，他一直处在消费社会理论的影响之下，同样也是御宅论的先驱者。但他将女性主义仅仅归结于消费社会的视野不免有些狭隘，或者说他只看到自己想看的东西。

说到消费社会，人们往往倾向于关注人口最多的那部分普通的"团块一代"，但是搞学生运动的"团块男"和"团块女"中还存在关注身体和生态的人。曾任"京都学生联合会书记"的藤本敏夫（1944 年生）就致力于有机农业的普及事业，成立了"鸭川自然王国"；还有"早稻田大学全共斗[105]"的津村乔（1948 年生），学会了气功，倡导身体生态学。他们都要比"团块一代"稍稍年长。最近提倡"慢生活"理念的环境运动家辻信一（1952 年出生）的思想也很接近于"团块一代"。从这个意义上说，他们始终如一。女性主义者中也存在生态系的学者，她们与消费社会背道而驰，为了生态的"安全，放心"而投身于生活合作社运动[106]和环境保护等事业中。

因为这部分人是少数派，从市场效益来看没有利润可图，所以他们没有成为引领潮流的人。但市场随后找到了"安全、放心"的附加价值。实际上，女性主义理念更接近于身体生态学。比如不使用 pill（口服避孕药），普及自然分娩，等等。如果把目光仅仅对准"团块一代"多数派的中间层市场的话，貌似所有人都在如雪崩一样涌向消费社会，但其实一直都有人选择不同的道路。他们有的做社区活动，有的投身于市民运动，然后就慢慢老去。虽然有人选择成为上市公司的员工，但也有人即便拥有高学历仍勇于选择偏离精英的路线。"团块一代"中没有出现在政治舞台上有名的政治家，也许就是这种选择的结果。

三浦：是的。说起来，观察近几年关于"团块一代"退休以后的各类信息便会发现，归根结底就是"团块一代"无论是进入小学还是考上大学，或者退休，都会令社会犯难，因此需要社会替他们预先考虑全部。

上野：“社会”具体指谁呢？

三浦：既可以是行政部门也可以是企业。他们向将退休的
“团块一代”提议："要不要试试这样的休闲方式？""找
寻一下这种生存价值如何？"我感觉"团块一代"就算自己
不说，也都会被分派到社会自以为"团块一代"想要的东西。
比如在他们小学六年级时问世的《少年漫画杂志》（讲坛社，
1959 年）。

上野：那是因为对企业来说，他们是最大的市场，仅此而
已吧？

三浦：是的。但是很多人满足于这种被动的接受。前一阵子，
我去做一个关于"团块一代"的演讲，有一个"团块一代"
的男性对我说："我不久就要退休了，可退休后该做些什么呢？
可能有人要让我自己考虑，可我毫无头绪。还是需要有人告
诉我该怎样过退休生活。"这样的人会不会实际上就是所谓
的"沉默的多数派"（silent majority）呢？

上野：50 多岁的男性会说这样的话？

三浦：准确来说是快 60 岁的男性（笑）。

上野：听了真让人脸红，不会是你编造出来的笑话吧（笑）？

三浦：是真的，我也很震惊，心想："可别开玩笑了！"

上野：就消费社会的生活方式而言，人们往往被动地接受外
界给予的选项，这一点的确不可忽视。我在调查 SAISON 集

团 [107] 的历史后发现，池袋的西武百货在 1975 年翻新后，便将销售的目标群体定为"团块一代"。1975 年，"团块一代"的结婚人口和生育人数都达到了顶峰。宣传海报上刊登的照片是一对跨国婚姻的夫妇和他们孩子组成的三口之家，打着的广告词是"崭新的我们，触手可及"。据说在重装过后的厨房用品卖场，分餐用的盘子非常畅销。而这仅仅是其中一例。

三浦：的确如此。一说起"团块一代式的"的部分，就会提到您，以及另一些学者，但是自我们编著《巨大的迷途——团块一代彷徨的历史与现在》（PARCO 出版社，1989 年）这本书时开始，我对于"团块一代"的立场就是，学生运动只是当时考上了大学的学生在搞，而除此之外"团块一代"还有形形色色的人。都说在"团块一代"中"VAN"[108] 和"常春藤服饰"[109] 很流行，但是还有很多中学毕业和高中毕业后不再升学的人啊。那些通过集体就业[110] 成为工人的人该如何归类呢？又该如何看待永山则夫[111] 呢？如果不把这些人包括在内来谈"团块一代"，就是空话。

上野：的确。毕竟"团块一代"中男性的四年制大学升学率为 22%，女性仅为 5% 左右，平均下来也不过 14% 的样子。由此可见，读大学的学生不仅仅是少数派，而且在首都圈区域与不在首都圈区域之间也有很大差别。在这些读大学的人当中，参加过"全共斗"运动的学生包括仅是在思想上支持它的人在内也就仅有 20% 左右，而积极从事反"全共斗"运动的人也同样占到 20%，剩下的 60% 则是因学校被封没法去上课，便去打工或是去旅游，基本都是些对政治漠不关心的人。

三浦：所以在"团块一代"中，我们关注到了中学毕业和高中毕业后就走上社会的这些人。从这一点来说，作为营销专家我们所做的分析是开创性的。广告代理店打出的"团块一代形象"都是像成城（地名，见前文）的公子哥一样的人，还有就是喜欢甲壳虫乐队[112]，身穿学院风服装的庆应男孩[113]们。

上野：那是媒体眼中的大学生形象。

三浦：事实上，跟庆应男孩和学生运动都不沾边的学生才是占大多数的。

上野：《巨大的迷途》这本书一出版我就看了，更恰当地说是在 *ACROSS* 连载时就一直在看。虽然写着"月刊 *ACROSS* 编辑部执笔"，但大部分文章可以说都是您的作品吧。我真的认为这是一部足以彪炳史册的佳作。文中运用了大量翔实的数据，完美地呈现了小地方出身的"团块一代"在东京建立小家庭并稳定下来的过程。书中的数据大家都能信手拈来，但您的运用方法非常有独创性。

三浦：谢谢夸奖。以社长的想法，原本是期望打造成一本聚焦"团块一代"，特别是"团块一代"女性力量的作品。但我认为，怎么能说"团块一代"的女性充满力量呢？能称得上这种说法的只有上野女士您了，其他大部分人都是专职主妇和普通上班族。我是出于这一想法写了这本书的。

上野：主妇可是很强大的。

三浦：是的，我想通过这本书考证这类真正的"作为'团块一代'的沉默多数派"，包括专职主妇力量在内。

上野：虽然也有人对"团块一代"持有误解，认为："原来那么喜欢兴风作浪的'团块一代'，最近怎么变老实了呢？干吗不重振旗鼓呢？"但这类人只占少数。从宏观数据来看，您的分析是最具真实性的。您将书名命名为《巨大的迷途》，把"团块一代"称为"团块流散群体"[114]，这些词用得太巧妙了，您现在回头想一下是不是都很佩服自己呢？

三浦：是有点佩服自己。那个时候，我将"团块一代"比作战后生活在日本的犹太人，使用了希腊语中的"diaspora"（流散）及"exodus"（大批离开国内）这些词。当时只是比拟，后来我在查阅美国郊区相关文献的时候，发现这些词还是有在使用的，所以很是开心。顺便提一句，"巨大的迷途"这个题目是当时 PARCO 的社长增田通二命名的，我本来想起一个更通俗易懂的名字来着。

上野："团块一代"当时差不多 40 岁左右吧。

三浦：没错。

上野：时间又过了二十年，现在他们都快 60 岁了，他们的变化是在您预料之中吗？

三浦："团块一代"从出生到 40 岁之前走过的路程颇具戏剧性。因为他们是伴随着战后日本社会的发展一同走来的。他们中的一些人从乡下来到东京，住的房间只有四个半榻榻米大（约

6.5 平方米），曾经手拿木棍或铁管参加了学生运动，之后结婚，然后搬到所泽 [115]，再去逛 PARCO，大概就是这样（笑）。但是一旦在哪里买了房子就会在那定居下来。所以他们再到后来就没有什么故事了。最多也就是男的从科长升为部长。而最大的变化并不发生在"团块一代"自身，而是在他们的孩子身上。孩子们现在已经三十多岁了，并且有些还是自由职业者，而"团块一代"也到了退休的年纪。今后的 15 年他们的生活会怎样，很值得关注。

上野：1947 年出生的第一批"团块"人，将会在 2007 年也就是今年迎来大规模退休。

三浦：退休之后他们会干点什么呢？我可没指望他们去参加NPO（非营利组织），毕竟会做这种事的人早就在做了。

上野：是的，您说得没错。

三浦：我估计，大部分的人会整天打高尔夫吧。

上野：恐怕大部分人没有富裕到那种程度吧？也就种种地或修整下院子什么的吧？

三浦："团块一代"没有落魄到要修剪庭园的地步吧？

上野：或者搞搞家庭菜园。既充实，又能实现自给自足。

三浦：那可真不错。

上野：但是没人给面子来吃（笑）。

三浦：也许他们虽然从来没有在社区做过事，兴许也能跟左邻右舍搞好关系，可能有一天会对邻居说："我今天收获的黄瓜不错，您尝尝看。"会有这种事发生吗？

上野：或许就是多了些自作多情的大叔罢了，他们还以为自己在做好事。

三浦：有这个可能。就算住在隔壁的退休大爷跟我说："三浦先生，我们一起做点什么吧。"我也会觉得相当困扰（笑）。还有在企业一直担任要职的人，成为公寓的管家后，就会什么事都独断专行。加入 NPO 的人也是一样，他们难以改掉只重效率的做派。一旦加入了 NPO，就会要求别人把会议时间控制在三十分钟内，或是指责别人：为什么如此无用的会议要开这么久？（笑）

上野："团块一代"的职员，在处于泡沫经济破灭后最艰难时期的公司中度过了四十几岁的那段生活。他们遭遇了裁员和劳动量加大的浪潮，所以在公司内的升迁竞争中，四十五岁之前就已经分出胜负了。没能成为高层管理者，被调到子公司的，以及不被重用的"窗边族"[116]，都提前退了休，这些人在做 NPO 和志愿者。

三浦：那些在公司没被重用的人，若能通过 NPO 或是志愿活动将自己的经验传给下一代，我认为也是有意义的。

◎让老家寄来大米的"团块一代"

上野：在《下流社会》这本书里，您对不同年代人的"个人特质"进行了比较，得出的结论我觉得非常有意思。您的调查显示，"寻找自我派"多分布在"团块二代"的下层和"团块一代"的上层中。

三浦：是的，您如何看待这个结果呢？

上野：这并不奇怪，因为原本"团块二代"的父母，也就是"团块一代"的出身阶层并不高。

三浦：大多是农村家庭里的二儿子。

上野：没错。20世纪60年代，"团块一代"大批涌入首都圈，但是他们中的很多人都来自外地的农村家庭。20世纪50年代之前的日本是农业社会，虽然农业人口只占全国人口总数的30%左右，但农村户数超过全国户数的五成。"团块一代"都是农村家庭里的二儿子三儿子，他们没有从父母那里分到家产，但作为补偿，父母最少给了他们接受教育升学的机会，不然就是为了求职而离开故乡的人。所以您称他们为"团块流散群体"十分贴切。

三浦：所以，个人资源才会只有自己的"个人特质"[117]。

上野："团块一代"会成为"寻找自我派"，这一点也不奇怪。因为他们注定不能走与父母同样的路。他们有了固定的工作和稳定的收入，但这并不是他们自己的功劳，只是赶上了时代的福利。他们的学历和经济阶层都要高于父辈，"团块一代"实现了集体的阶层跳跃，但他们原本的出身阶层并不一定很高。只是，若考虑父母向子女进行的代际财产转移这点，"团块一代"是不需要给父母寄生活费的一代。"寄生活费"是一种负向的财产转移。没有向子女要求这种负向的财产转移，是那个时候他们对孩子最大的赠予了。

三浦：您是说"团块一代"的父母吗？

上野：是的。在"团块一代"之前的一代人，来到大城市打工挣钱的子女必须向父母寄生活费。那时只要混出点名堂，全家人就会揪住他想跟着沾光。与上一代相比，"团块一代"只需要确保自己吃上饭，只考虑自己就够了。

三浦：因此"团块一代"中"追求个人特质"的人会比较多。

上野：如今，"团块一代"过上了富裕的生活，而他们的下一代却出现了阶层分化，但我认为这并不矛盾，分化是理所当然的。"团块一代"的父辈一无所有，而被他们抚养长大的"团块一代"们成了富人，自然就会"寻找自我"；而"团块二代"生活在衣食无忧的环境中，如果只顾着"追求自我"，就会落到个一无所有的境地。我是这么解读的，您怎么看？

三浦：您的意思是，"团块一代"中年轻时越是下层的人，对"个人特质"的意向越强，后来他们赶上了经济发展的时代，最后摇身一变成了"上层"，是这样吗？

上野：对，实现阶层跨越并不是他们自己的功劳。

三浦：您是这样认为的？

上野：是的。

三浦：您的这种解读方式我也考虑过。其实我还有另一种看法，与您的解释完全相反，那就是"团块一代"中，本就处在上层的人，他们对"个人特质"的意向更强。不过，也许您的观点是对的。他们年轻时或许身处下层。

上野：我认为是这样的。很难想象他们的价值观会随着年龄发生巨大的变化，因此在成为父母之后，他们在教育子女上失败也是情理之中的事。他们只是再生产出了与自己如出一辙的孩子（笑）。

三浦：我正在做一个调查，对象是2000名"团块一代"的男性和女性，我发现他们的孩子，除了还在上学的，有近三成的人不是临时工就是无业游民，或者处于失业中。而且无论"上""下"哪个阶层都有同样的倾向。但阶层越是居上的人，往往认为自己在培养孩子方面做得比较好。今后我想进一步调查自由职业者的父母是怎样的"团块一代"，以便搞清楚影响因素究竟是父母的学历还是价值观。不过，我感觉这应该与父母的学历无关。

上野："团块一代"普遍学历高，这并非源于本人的意愿和努力，而是集体性的时代现象，所以与学历无关。他们并没有获得欧洲中产阶级那样的保卫资本型的文化资本。看我身边的人就知道，越是高学历的夫妇，他们的孩子成为爱好文艺的御

宅型自由职业者的例子越多。比如搞一个并不赚钱的乐队什
么的。日本现在也是所谓"富不过三代"吧（笑）。

三浦：上层的人有上层人的做法，上层人的孩子中诞生了文
艺御宅型的自由职业者以及尼特族；而下层的孩子们一般都
是高中毕业的普通自由职业者。

上野：的确，父母都是高学历的，孩子搞乐队和当歌手的人
比较多，不过都不出名不挣钱。父母对这些事的宽容度更高，
甚至允许孩子当"寄生虫"[118]。如果考虑到家庭资本（family
stock）的再生产，他们是不可能放任孩子肆意妄为的。当然了，
或许父母也没有什么非要继承不可的财产，因为他们也不过
是半吊子的富裕，自己这代就全花光了。

三浦：是的，当然会。

上野：比他们再往上的一个阶层，夸张点的诸如洛克菲勒、
罗斯柴尔德家族那样的家庭，就不会放任孩子如此肆意妄
为了。

三浦：毕竟他们是真正的上流阶层。祖祖辈辈传下来所谓的
家训中，会有类似于"绝不允许家族中出现此类人"这样的
条文。

上野：更准确来说，"团块一代"的父母本就没有要守护的资本，
便不会有保卫资本的想法。而且，他们觉得既然自己都是以
自由的生活方式走了过来，就不能强求孩子必须遵循某种固
定模式。虽然这份自由只是没有从父母那里继承到任何东西

的代价而已。

三浦：那正是"团块一代"想要的。他们一直追求不被旧制度束缚的、自由的"个人特质"，所以对他们的孩子来说，父母的想法也不是制度。

上野：也就是说，"团块一代"培养子女是完全参照自己的成长经历来的。从这个意义来说，这些"团块二代"的父母也是"寻找自我派"的人，就完全可以理解了。

三浦：可以说他们是参照自己的成长经历，更准确一点，可以说他们把自己未能实现的、有自我风格的生活方式，托付给了孩子们。因为在调查后发现，如今仍希望继续"寻找自我"的"团块一代"，仍占了整体的一成左右。

上野：这百分之十都是工薪阶层退休的吗？男的多还是女的多呢？

三浦：男性占 12%，女性有 8%，处于中层和下层的较多。总体来说认为自己的工作很无聊的男性比较多。

上野：能理解。也许无论是男性还是女性都觉得自己还没发挥完余热。从社会史的角度看，20 世纪 50 年代之前的日本是农业社会。"团块一代"中很多人是农村出身的，所以现在还有不少人会让老家寄大米过来。

三浦：我也是农村出来的，也经常让老家寄大米，看来我跟"团块一代"一样呢（笑）。根据庆应义塾大学的大江守之老师的研究，20 世纪 50 年代后半段出生的人中，很多是从农村来到城市打拼的。但是 60 年代前半段出生的人情况就不同了，他们的父母是 30 年代出生的人，大多已经来到了东京，所以出生在首都圈的孩子迅速增多，就是所谓的"小区长大的一代"。近年，他们中出现了一批充满新型气息的艺术家，比如摄影师本间隆，建筑家塚本由晴等人，他们都是"小区长大的一代"。

上野： "团块一代"因为有儿童时代的农村记忆，所以退休以后可能会搬到乡下居住，但他们的孩子已经不会考虑这个选项了，因为他们一开始就是在大城市的郊区长大的。

◎ "团块男"指望比自己年轻的女友照料老人？

上野： "团块一代"中，有多少人退休后想搬到乡下呢？
三浦： 根据我的调查，想搬到乡下的人比搬到东京市中心的人多两倍。

上野： 因为他们的幼年体验就在农村，再加上他们的父母老了需要人照顾。
三浦： 应该也有想回老家的人吧。

上野： 想搬到乡下居住的人当中，在人数上有男女差异吗？
三浦： 男的更多一些。

上野： 据我观察也是如此。女性一般都是不情愿地被硬带回去，才到乡下居住的。

三浦：想去山村或渔村的那种真正乡下的人之中，男性明显多于女性。

上野：结果就是有些夫妻只能选择分居。即便丈夫表示十分希望移居乡下，但是妻子也可能不愿跟随，而选择留在城市。如果因为照料老人不得不回去，那么男性有时是一个人回老家照料老人。因为妻子对丈夫的老家人生地不熟，也不想照料从未一起生活过的公公婆婆。

三浦：把老人接来一起住的情况仍是少数吗？

上野：这种情况反倒更多呢。只是问题在于要满足很多条件，而能满足这些条件的人只有一小部分。而且因为日本现在是超老龄社会，所以在自己什么年龄时父母需要自己看护，情况也会有所不同。比如丈夫还在最能打拼的时候，老人如果需要照料了，可以把他们接过来住；但是如果赶上丈夫退休、妻子也上了年纪，这时将已经进入超老龄化阶段的父母接过来住就很困难了。毕竟有些老人已经有 90 多岁高龄了，实在很难让他们搬来搬去。

三浦：有的家庭父亲一直是由母亲照料的，现在父亲离世了，便轮到孩子来照料母亲了。

上野：没错。老两口都在的时候还可以相互照顾，如果一个先走了，那么剩下的老人如今不见得会选择与子女同住，越来越多的人选择独居生活。还有一种情况也在增多，有些老大不小了但至今仍然单身，或者因离婚重回单身的男性会跟老人一起住，甚至有些丢了工作的儿子还要靠父母的养老金生活。

三浦：这次调查还有一个有趣的发现，"团块一代"的未婚男女中针对现在是否有男女朋友的问题，超过20%的人回答了"是"。您对这个数字感到惊讶吗？

上野：这个我一点也不惊讶，如果去问"团块一代"的已婚者同样的问题，估计结果也是一样的。

三浦：真的吗？（笑）

上野：还有调查显示，男性重回单身后，反而生活水平提高了。虽然我不是堀江贵文，但女性的需求某种程度上确实与钱包挂钩。

三浦：女性的收入现在也挺高的啊。对方是年龄相当的男性吗？

上野：可能是因为男性还在工作吧。到了他们这个年龄，收入和职位几乎都达到了巅峰，如果还是单身的话，女性不会视而不见的。

三浦：那就不是恋人而是情人啊。有调查显示，有过出轨经历的男性有28%，女性有9%。出轨的对象难道是派遣公司的员工？

上野：对，反正不愁找不到情人。

三浦：我家住在吉祥寺附近，吉祥寺车站周边有个情人旅馆，出于研究的需要，我经常会从旅馆门口路过再回家。

上野：您不进去研究下吗？（笑）

三浦：进去了就看不见房客的模样了。我虽然还没有见到"团块一代"的男性带着女人进去，但来这里的女性中，看起来很多像是未婚的派遣社员。

上野：应该很年轻吧？

三浦：我看到的那些女人倒没有那么年轻。

上野：我说的年轻是指三十多岁，未婚、没有孩子的，所谓"败犬"世代。

三浦：对对，三十多岁。

上野："败犬"世代是指不打算结婚的女性，因为自己有收入，所以她们没想过依赖有钱的男人，但是她们喜欢肯为自己花钱的男性。男的也不会因为经济问题找不到情人，因为他们不需要花太多钱来维系这种关系（笑）。

三浦：不知道以后类似"市村正亲[119]与筱原凉子[120]"这种老夫少妻型的婚姻还会不会出现。另外，离过一次婚的男性与"败犬世代""团块二代"女性之间会结婚吗？

上野：那要看男的经济实力如何了。堀江贵文说女人与钱包挂钩，令人遗憾的是，在某种程度上这句话说得没错。

三浦：但是如果跟比自己大很多的男性结婚，那么一结婚就得伺候他了，看来女性也需要在经济上独立才行。

上野：您说起这个倒让我想起2001年石坂浩二¹²¹再婚的事。
三浦：他再婚了吗？

上野：您不知道？他跟浅丘琉璃子离婚后，与一个年轻的女性再婚了。你猜在记者会上他是怎么解释离婚理由的？他说："我是因为考虑到不能让身为大明星的琉璃子伺候我的父母。"他还说他母亲对现在这个年轻妻子很满意。他的话不仅对前任妻子是种侮辱，对现任妻子来说也算是侮辱性言论吧？他明明可以说："我因为爱你才选择了你。"可是石坂的说法俨然就是：我是为了让你照料我的父母才选择了你。真不知道这个现任妻子怎么能忍受这样的侮辱。不过话说回来，如果有钱、有地位的话，甚至能钓来愿意专门做照料工作的女性。
三浦：为什么会出现这种情况呢？某些女性还是很执着于结婚吗？

上野：因为对"依赖"型的女性来说，结婚仍然还是一种生活财富啊。
三浦：以看护男方父母为基本代价，获得依赖的权利？

上野：石坂拥有足以让女性产生依赖的资产，那么照料老人的工作完全可以花钱雇人来做，反正我身边认识的女性对他的发言都感到非常不快。

三浦：所以他很快声明放弃出演电视剧《水户黄门》了吧?

上野：那个记者招待会使他的人气大跌。对了，我曾经做过老年婚姻市场的调查……

三浦：是再婚的婚姻市场吗?

上野：男女都是二婚的那种。据说几乎所有的女性首先询问的都是男性的收入，而男性选择的都是比自己年轻的女性。也就是说，对女性来说，结婚是一种生存手段，而对男性来说，再婚是在置办照料人手。听说每当从事老年婚姻中介的人对女方说："你也有养老金吧，可以接受将自己的养老金和丈夫的养老金放到一起用吗?"女方无一例外都会这样回答："丈夫的养老金是我的，我的养老金还是我的。"(笑)对女性来说，再婚的条件在于男方的养老金是否能够维持两个人的生活。这个条件不会随着年龄的增长而改变。

三浦：男方的收入须是女方收入的两倍，这个择偶标准跟年轻女性差不多啊。这是不是因为女性的寿命更长，所以她们考虑到要留出足够的钱，以备丈夫去世后的生活呢?

上野：我想那倒没有。只是她们觉得男方出生活费是理所应当的。

三浦：原来这样啊(笑)。

上野：在离婚的人当中，男性与女性在再婚的意愿上也表现出差异。三分之二的男性表示愿意再婚，而女性中却有同样比率的人不打算再婚。她们或许难以再次忍受婚姻了。

三浦：男性这么多人想再婚也许有"找个人照料老母亲"的企图吧？

上野：不对，他们应该是想找个性伴侣兼家庭主妇吧（笑）。

02

『团块二代』是『家庭至上主义』的败笔还是杰作？

★ 从家庭至上到无家可归
★ 从背包游到新"农协"背包旅行
★ 从"花子世代"到"败犬"和未婚派遣世代
★ 宅家型的"败犬女"对"下层男"

◎从家庭至上到无家可归

三浦：我认为近二十年来，"团块一代"本身没有发生什么变化，变化发生在凝聚他们人生价值观的孩子身上。这二十年来，变化最大的就是他们的孩子。二十年前曾经只有八岁的孩子如今也有二十八岁了。所以，我只好写下了《团块一代总括》（牧野出版，2005年）这本书，强调了正是"团块一代"创造了自由职业者一代。当年在写《巨大的迷途》的时候，难以预测经济的变化趋势，还不知道"团块一代"的孩子会成为什么样的人。但万万没想到会有如此多的孩子成了无稳定工作的自由职业者。

上野：这完全在你的预料之外吧。

三浦：是的，而且对经济也产生了巨大冲击。

上野：相较于父母的教育方式，劳动力市场的变化要更为明显。尽管如此，这些孩子却完全没有危机感。

三浦：毕竟在1989年的那个时候，没人会去思考二十年后的世界会是怎样。"团块一代"虽然只做到了把孩子带到户外去玩，但感觉他们还是希望把孩子培养成更有担当的人的。虽然主张自由放任主义，但也没想到竟会培养出这么多不能脚踏实地的年轻人。

上野：我认为"团块一代"的子女教育就是失败的。因为他们自己在公私领域界限不明，导致没能教给孩子如何分辨公共领域与私人领域。他们打着"放养式教育"的旗号，散漫放纵地对孩子加以管教，让孩子称呼自己的昵称而不是父亲。父母自己就是公私不分的，所以他们的孩子必然要承受这种教育带来的恶果。

三浦：现在最能反映"团块一代"特点的词就是"家庭至上主义"了吧？

上野："家庭"都快解体了，它就是不稳定且脆弱的。

三浦：比起"家庭至上主义"，也许用"私人主义"一词更贴切。直到现在，"团块一代"似乎依然有人厌恶自己出生的地方。在农村因为大家抬头不见低头见，邻里之间不是彼此挑刺，就是互扯后腿。他们说就是因为讨厌那样的地方，所以才从农村出来的。

上野：您说得很有道理。经常有人批判城市化，我总是对他们说："你们不就是因为不想待在乡下才来到城市的吗？"

三浦：他们想逃离农村的想法过于强烈，所以没有去打造全新的"共有空间"，或者说虽然想这么做，但是力不从心。所以他们的儿子便是被关在"家中"的"自己的房间"中养大的。因为闭门不出，与外面完全隔绝起来，长此以往这类人自然就迷失了自我。

以前的房子有很多不尽如人意的地方，但还是有一定的公共空间存在的。比如孩子睡觉时，如果把脚朝着佛龛，是会被父母骂的。因为在当时，即便是在自己家里，那也属于公共空间，而非私人空间。但是"家庭至上主义"的侵蚀使所有地方都变成了私人空间。毕竟"家人"和"家"都并非社会。

上野：而且，汽车的普及也将私人空间原封不动地带了出来。我在 20 世纪 70 年代末的时候，曾经在位于滋贺县的大津西屋百货商场的停车场做过一个调查，观察从车上下来的人都穿什么鞋子。

三浦：我还真不知道您是一位考"现"学者呢（笑）。

上野：谁让我一直都是京都"现代风俗研究会"的成员呢。

三浦：是啊，瞧我这记性。

上野：京都学派的文化传统是要在任何杂学之中都能发现乐趣，比如桑原武夫 [122]、多田道太郎 [123] 等学者就是京都学派的。他们有很多有趣的研究成果，比如"章鱼烧考现学""服装个人史"什么的。经过观察，我发现从那个停车场走出来的人，大部分人都穿着拖鞋。我还并不是在夏天做这个调查的。跟公共交通相比，好好穿鞋外出的人非常少。这时我才注意到一个事实，那就是：私家车不是公共交通工具，只是一种维持可以穿拖鞋进行空间移动的手段。

三浦：70 年代就已经这样了啊，是一家人外出的情况吗？

上野：有一家人的，也有情侣和单身一人的。但无论哪种情况，下车的人都是一副仍处于私人领域的表情。我才意识到私家车这种东西就是，即便进行长距离移动也可以将私人空间外带出来的一种交通工具。

三浦：虽然很少有人指出来，但是汽车对人的潜意识产生的影响巨大，这是一个很值得研究的课题。从小坐车出门的人，在电车里也会化妆。我估计他们会觉得：为什么在私家车里能做的事到了电车里就不行呢？我曾经做过私家车的调查，很多男青年甚至一边吃着方便面一边开车（笑）。还有等红灯的时候看漫画，变成绿灯之后，还继续看着漫画启动车子的，吓死我了。

上野：好怕怕（笑）。

三浦：他们真的什么都做得出来。据说洛杉矶的上班族没有时间吃早饭，就把微波炉带在车里，热好"电视餐"（指独立包装的冷冻或冷藏食品）后，一边吃一边一路开到公司（笑）。听说丰田 Estima 车的混动款也配有插头，并可以使用微波炉呢。

上野：不会吧？

三浦：汽车里要是装上微波炉和冰箱，如今的年轻人会无比开心，因为那样的话，汽车就变成一个移动的便利店了（笑）。

上野：那样就是"going my home"，也就是"移动的家"了。

三浦：哪一天要是丢了工作，或许就会买个房车住进去。

上野：有这个可能。

三浦：最近在报纸上看到的罪犯很多都是居无定所、没有工作、长期在车里生活的人。据说发生过这样的事，有一个年轻男子擅自住在别人的闲置房里，他正在切卷心菜打算做晚饭的时候，房主回来了。房主被吓得不轻。而且可笑的是，当时正好米饭煮好了，还冒着热气呢（笑）。出现这种现象的原因是，如今房子的数量远超家庭户数，以及无家可归的年轻人增多了。

上野：类似的事件在别墅区也经常发生。

三浦：后来也发生过类似事件。有人因为没有工作交不起房租被房东赶出去，看到隔壁的房子空着，就偷偷住了进去（笑）。他大概想反正房子空着也是空着，自己住下来有什么关系呢。

再比如，像透明雨伞这种公共财产，又不是自己的私有物，最近的年轻人也会若无其事很随意地拿走。

上野：不透明的雨伞我也都拿走呢。

三浦：上野老师，有点下层的感觉了（笑）。

上野：但因为是公共财产，所以我用完会放回去（笑）。

三浦：还回去的话就没有问题了。私有领域在不断扩大，使本来属于私人物品的雨伞变为公共财产，或者说被人们视为共有物品，这是一种奇怪的逆转现象。

上野：有的地方还放置公用的自行车呢。

三浦：我觉得没人会骑吧。正因为是别人的自行车才觉得骑走好玩，如果开始就知道那是公用自行车的话，就没兴趣了吧。这种公共自行车是搞不下去的。

上野：是吗，现实情况就是搞不下去吗？

三浦：在我看来不怎么样。比起使用公共自行车，那种把别人的自行车偷偷骑走，然后用完随处扔下的人更多。这种行为跟拿走透明雨伞是一样的。更有甚者把别人停在某个地方的汽车开走，用来干不法勾当。那些人偷车多半是用来掳走孩子或女大学生。

上野：现状是携带手机就可以随时收发信息，如果连"家"也可以随身携带的话，就不需要住宅了。人们原本通常在城里上班，晚上住在郊区，那么现在郊区的房子不再被需要了，最终就完全空置。现在郊区的新城因为居民减少，入住率处于较低水准。住宅小区一旦出现空房子，就会逐渐空洞化变为"鬼城"。

三浦： "大家都在闲置房里过夜"的时代也许会到来。
上野： 在欧洲早就发生过这种事了。公共住宅（相当于日本的公营住宅[124]）的空房子被年轻人长期居住，地方政府只要不下达强制性的驱逐命令，他们就会理所当然地享受着房子里的一切。而且水电这类基础设施都是免费提供的。在柏林，有一个地方叫作"克罗伊茨贝格"，是有名的土耳其人居住区。我的朋友就曾在那儿生活，他住在一个空置的大楼里，我还在他的住处留宿过呢。房子里的条件很差，没有暖气，只能靠炉子取暖。这么看来，我果然也近似"下层"呢（笑）。

三浦： 住进去的人这么想"反正没人住，空着也是空着"，也有人会想："有人住着还能给房子通通风呢。"
上野： 比如不断有人住进多摩新城[125]一带的空房子里。

三浦： 公营住宅的管理比较严格，随意住进去可能有点难度，但如果是东京都经营的住宅，则很有这个可能。上一代人那么坚持"家庭至上主义"，没想到下一代会出现这么多过着流浪生活的年轻人。不过，也有很多完美复刻了"家庭至上主义"的年轻人。

我曾经采访过一个学生，他看上去吊儿郎当的，就像我们经常看到的那种，长期待在便利店门口的那种小年轻。可他却对我说："我还是想结婚，等有了孩子，就带他去野营。"
（笑）我在心中质疑。但转念一想，他这么说大概率是因为
他的父母就是这样做的，但可以看出，幸福的家庭就是"结
婚生子，然后全家一起去野营"，这种印象犹如广告词一般
牢牢地刻在了他的脑中。

上野： 多样化是有两面性的。将"寻找自我"看作"保持现
状就挺好"，能够做到自我肯定，保持当下的状态便能收获
满足感的话倒是没有问题；怕就怕有结婚的意愿，但结不了婚，
或者想拥有家庭，却成了到处漂泊的人。当没有达成自己的
愿望时，人就会一直有挫败感和自卑感，这种情况容易引发
问题。

三浦： 可能性很大。无论男性还是女性，就算年轻时过着漂
泊的生活，到了三十岁看到周围人一个一个都结婚了，我想
他们还是会感受到压力，因为这种"就算风餐露宿也无所谓，
不结婚也无所谓"的生活，并不是自己主动选择的。

上野： 山田昌弘的《单身寄生虫的时代》（筑摩书房，1999 年）
一书调查的对象是从二十五岁到三十五岁的人群。也就是说
过了三十五岁都没有资格成为研究对象了。直到现在，不结婚、
没有稳定工作的状态仍然被看作人生的过渡期，而不是一种
生活方式。但是，"寻找自我"传达的本意应该是"跟别人
不一样也没关系，无须跟他人比较"。

三浦： 主张"真与别人不同也没关系"，并按照此标准自我
约束的人，我觉得很少。无论多么艰苦，也要将其坚定不移

地贯彻到底，我认为这才是真正的"个人特质意向"。

上野：您说得太对了。在网络社会也会出现一种现象，那就是在某种趋势形成后，几乎所有人都会跟风，从众心理非常强烈。攻击性别平等和打压"第三国人"[126] 的行为，都是一种"乐队花车效应"（指哪一方有获胜把握，就支持哪一方）的歧视主义，但却被美其名曰为"时尚"。

三浦：是的。

◎从背包游到新"农协"[127] 背包旅行

上野：随着新媒体的出现，新的信息平台越来越多了，本以为这样会促进人们的多样化和个性化的发展，没想到反倒是形成了一种被迫跟风的交流空间。虽然他们嘴上说"寻找自我"，但并没有做到"不去在乎与别人的不同"，而是非常害怕自己不合群。

三浦：近几年这种趋势越发明显了。同时考虑到校园霸凌问题，孩子们都不想表现突出，而是尽量跟其他人保持一致。"团块二代"正好遭遇校园霸凌肆虐的时代，所以他们讨厌表现自己。"团块一代"年轻的时候可是完全不介意自己是否合群的。因为他们那一辈的人都认为与众不同是好事，有个性是值得肯定的。大家都想与众不同，在这种想法下"团块一代"之间产生了共性。不过话说回来，"团块一代"只是希望与自己父辈及老一辈不同，而不是与同辈中的其他人不同。

但是，现在的年轻人没有在追求不同这件事上形成共性，因此追求不同的人便会陷入孤独之中。当然，如果真的想与众不同的话，那就必须忍受孤独，这是理所当然的。可是普通人无法忍受孤独。所以，与追求不同相比，他们更愿意从众。他们宣称在"寻找自我""独特性"，这仅限于一小撮同伴之间彼此能够理解各自细微的"个人特质"。

上野：就算表示赞同，也不一定就是互相理解，他们因为害怕自己不合群才与大家在一起，彼此之间也说不上是朋友。

三浦：或许大家一起"寻找自我"的行为，不过类似于一种安心感。我曾在一个研究会做旅游方面的研究，就听说最近的年轻人不怎么出国旅游了。原因是他们没有钱，不能频繁地出国。但我认为这不单纯是钱的问题，还因为他们的沟通能力变差了。20 世纪 70 年代初期，出现了背着小包一个人去旅游的风潮，像杂志《地球的脚步》描写的那样。大家都认为"跟团游太逊了"。但是如今让年轻人趁着年轻只身去旅游，他们也不会听。早稻田大学的探险社团现在已经濒临解散了。而且听说这个社团的团长是东京理科大学的女生。为什么年轻人不去旅游了呢？究其原因，大多是因为会遭到父母的阻拦。如果孩子告诉父母打算去某个地方玩，父母就会说"太危险了，不要去"。所以探险便不能成立。孩子也不会期待日本之外还有更精彩的世界。

那么怎样才能让他们愿意出去旅游呢？我们做了一个研究，得出的结论之一便是"新·跟团游"。就像以前的农协旅行社推出的背包旅行那样的跟团游大概就可以了。因为郊区的"下流"年轻人就是"新型农民"啊。只是单纯的旅行社组织的跟团游还不行，必须得给它赋予一个新的概念，比如"大家一起来一个有特色的旅行"之类的。

上野：也就是准备一个"岛宇宙"，对吧？

三浦：正是。

上野：我非常能理解。最近的年轻人很讨厌有"杂音"。我不知道能否把这种现象简单地归结为民族主义，他们会经常把"日本是最好的"挂在嘴边。他们并不了解国外，也没有经过任何的对比。如果问他们为什么认为日本最好，回答都是"因为住着很轻松，对这里很熟悉"，其他的也说不出什么了。这等同于只了解自己的家乡，就吹嘘"俺们村最棒"。他们不想经历一点点的不方便，更不想处于压力和杂音之下。所以投入资金，大幅降低压力和杂音，带着他们连同周围整个"岛宇宙"一起移动，我认为是个十分正确的市场战略。

三浦：于是某旅行社开发了类似的旅行路线，果然很受欢迎（笑）。

上野：真的？如果可以，最好是邀请情侣一起参加，这样营业额就会翻倍。男性也能与自己的亲密恋人出国旅行、共度良宵。这种旅游说不定会成为毕业旅行的惯例呢。

三浦：是啊。

上野：不能忍受有"杂音"，所以也不想去海外旅行了。因为异国文化的体验就是"杂音"不断产生的过程，所以要给他们安排一个无须体验异国文化的海外旅行才行。因为只要日本人社区的规模达到一定程度，就算长期住在国外，也能生活在日本人的圈子里，不用体验异国文化。我曾经给一个驻外人员的妻子打电话，她接到电话的第一反应居然是用日语回复"喂"，我非常意外。她大概认定打电话过来的都是日本人吧。

说到逃离"杂音"，年轻的男性也想从异性关系中逃离。所谓社会性别（gender）便是"杂音"的制造装置。为什么"杂音"越来越多，因为女性不再按照男性期待的那样扮演女性角色了。因此对于男性来说，女人成了难以预料的生物。她们不会像说明书那样按部就班地运作，而会有难以预测的"杂音"产生。既然如此，比起现实中的女人，还不如用美少女恋爱养成游戏[128]（Galgame）来解决生理需求，会更轻松些。如果不会给别人添麻烦，即使从女性关系中逃离也没什么问题，但是如果这些人因为一时兴起或社会传统跟女性发生关系并生下孩子。结果会怎么样呢？

三浦：或许会成为那种虐待孩子的父亲吧。

上野：是啊，毕竟孩子是最大的"杂音"制造装置。

三浦：是吧，我在 *ACROSS* 做《花子专刊》（1989 年 5 月号）的时候，里面就有这样一句话："孩子是最大的异物。"

上野：而那个"花子世代"应该已经为人父母了吧。

三浦：是啊。

上野：这代人竞争意识很强，又承受着很强的同辈压力，所以按照惯例结了婚生了子。但是他们的下一代在抗压能力和沟通能力上都很差。而他们在结婚和生育方面受到的同辈压力要小得多，所以他们干脆就不结婚了。这样虽然不能生育下一代，但总比生下更多不幸的孩子要好。

对于这些人下一步的安排，可以对他们说："城市的基础设施都给你们配备好了，就算你们社交能力差也可以生存下去，所以你们尽量不要惹出事端，老老实实地活着就行了，无须牢牢抓住国家的威严、经济的发展、过去的辉煌之类的不放。"

三浦：逛逛便利店，看看足球，声援下日本就可以了（笑）。

上野：这就如同一个祭典，目的是让每个人都能体会到"大家都一样"的安心感。

三浦：不用开口，大家都默默地在自动售货机和便利店买东西，从某种意义上说，这种场景非常有未来性呢。

上野：我偶尔会有些科幻小说式的想法，如果一千年以后的未来时代出现比如外星人那样的生物，在看过现在的录像之后，我想他们会觉得人类所有的一举一动都是通过遥控器来操控的。那么这个装置在哪里呢？他们大概率会指着手机说："一定是这个，因为每个人都带在身上。"

三浦：有这个可能。现在手机也开始出现能嵌入耳中的那种了呢。人类早晚会不满足于手机外置，干脆直接将其植入体内吧（笑）。

上野：嗯，还会出现植入泛在网络[129]什么的吧。在某处放置一台母机，所有人都被这个机器操控。

三浦：从外表看人们都表现出若无其事的样子，其实都在认真地处理信息；比如，在脑子里安装个汉字转换软件等等。

上野：在全球化背景下考虑如何提高面对世界的竞争力时，是否拥有一种技能非常重要。那就是如何应对难以预测的"杂音"。有能力处理"杂音"的人，将最终在竞争中存活下来。我真想对保守政权的人说："你们如愿以偿了，这么多人都在没有'杂音'的环境中长大，长此以往，国力也会逐渐减弱，这可想而知。"

三浦：政治家们完全没有考虑过这些事吧。

◎从"花子世代"到"败犬"和未婚派遣世代

上野："花子世代"是最先受益于泡沫经济的一代。20世纪80年代后半段掀起了一股"大小姐"[130]的潮流。"大小姐"的服装和外表是可以模仿的，但原本"大小姐"的定义取决于她们的出身，所以虽然可以做到乍一看像是"大小姐"的样子，但无法模仿"大小姐"的出身。我们可以认为"大小姐"热潮从一开始便是在以这种差距为前提的基础上，对仅凭外表无法与真正的"大小姐"区分开来的普通群众的一种恶搞。真正的"大小姐"是羡慕不来的，而"大小姐"热意味着模仿者接受了这种差距的存在。也就是说，差不多在"花子世代"成为父母时起，社会就出现了明显的阶层分化。

如此一来，有的母亲从一开始就认输了，她们认为"我家孩子反正就这个水平，不用那么努力""反正鸡窝里不可能出来凤凰"。因为人总是只对自己能力范围内的事物抱有期望。格差社会是地位与身份相称的社会，同时也是通过合乎各自身份的行为举止而互不竞争的社会。就算是东大毕业的女性，也有"人生赢家"和"人生输家"的差别，这取决于她们能否与上层阶级的男性结婚。从男性视角来看，妻子收入的高低也导致了家庭经济水平上的差距。其中，相对来说位于第二梯队的女性，有时处于"相对剥夺感"带来的巨大压力下。她们情不自禁地对看似触手可及的美好生活抱有幻想，但实际上却无法得到那种生活。

三浦：即便身处"上层"之中也是如此。

上野：是的，没错。

三浦：对了，您是怎么看待《AERA 周刊》报道中提到的，"东大女生中的 60% 都是美女"这一说法的呢？

上野：这种现象在泡沫经济的时候就非常明显了，美貌在某种程度上是可以用钱买到的。这些人又很会穿衣打扮，上天不仅为她们打开了一扇门，还留了许多扇窗。

三浦：比如说雅子[131]。

上野：还有林真理子，她通过自己的努力和投资，连美貌都得到了（笑）。东大女生的"女人味值"是很高的，她们只是不靠这个吃饭罢了。教育社会学中有一个名叫学校文化论的分支学科，研究者曾经做过一个有趣的研究，他们将学生分为成绩好的和成绩差的两种，成绩好的女生除了女性资源以外还有别的优势，所以不需要将女性气质这一资源作为卖点；而那些成绩差的女生却只能将女性气质看作一种对抗性资源。因此，成绩差的这些女生之中会出现一批人，他们非常精通化妆和美容，在异性面前表现活跃，瞧不起那些成绩优异的女生，认为她们死板、面对异性较为晚熟，期望保持自己的相对优势。在所有的学校，这种群体动力学似乎都发挥着作用。我在跟东大的女生讨论"援交"的话题时，有个女生说绝对不会做那种事，我就对她们说："你们还有别的优势，所以才不需要出卖色相。"如果只剩下女性资源，趁着还能卖出高价的时候捞一笔的想法也并不难理解。

"花子世代"的很多人都是已婚人士，她们中还出现了被称为"超级主妇"的人。比如料理研究家栗原晴美，她年纪大些，比她年轻的有君岛十和子[132]以及村上里佳子[133]等。她们将自己的家庭生活进行包装，把烹饪或穿搭之类生活方式的创作当成了自己的工作。虽然她们外出工作的频率让整天坐办公室的职业女性望尘莫及，但却没有给人一种自相矛盾的印象，而是被认为是将家庭主妇原封不动地当作了职业。

可是，比她们小一辈的"蛯原式女白领"正在把现已步入四十岁行列的"超级主妇"当作自己的榜样，这样势必会产生梦想与现实的偏差。"蛯原式女白领"的终极目标是"超级主妇"，而不是一般的家庭主妇。但"超级主妇"的门槛如今已非常之高，"蛯原式女白领"仍未看清梦想与现实的差距。

三浦：希望妻子做全职主妇的男性的确在减少。当然一方面是因为男女平等意识传播的影响，还有一个原因是越来越多的男性觉得靠一个人的收入供养妻子太吃亏了，他们甚至还指望万一哪一天丢了工作，妻子能养活自己呢。所以只会依赖男性生活的"蛎原式女白领"供大于求，早晚会身价暴跌。虽然当主妇的梦想没有前途，但"蛎原式女白领"是自己心甘情愿这样做的，所以劝她们打消这个念头也是没用的。自由职业者也是如此，劝他们说这样干下去总有一天会吃不饱饭的，他们也不会听。在这点上，"蛎原式女白领"与自由职业者一样，他们都是追求梦想的人。

不过，自由职业者是选择了有自己特色的生活方式，倒也没什么；也不能说"蛎原式女白领"的生活方式没有自己的特色，因为对她们来说，那就是她们的本色。

但现实生活中"蛎原式女白领"并没有增多吧？当然了，名古屋有很多这种人，东京的话我感觉很少。

上野：跟自由职业者一样，选择当"蛎原式女白领"不一定是本人的意愿，而是劳动力市场的结构性产物。综合岗的门槛仍然很高，而且她们也不想像男性那样超长时间工作，如此一来便只剩下一般岗的白领和派遣员工可选了。既然薪金的提高和履历的丰富都没有指望，那就只能寄希望于结婚了。所以说她们虽然还是单身，却在守株待兔。因为不知道何时会出现中意的男性，他们还不能决定自己的人生。也正是因为她们这样想，所以才能忍受低薪的辅助性岗位。这是一个恶性循环，社会学者小笠原祐子曾在《OL们的"抵抗"——

工薪族与 OL 的权力游戏》（中央公论社，1998 年）中道破了其中的奥秘。

三浦：这本书原来是写这个的啊，我买了还没有翻开读。书名起得不太好，我回头读一下。

上野：小笠原在书中写到，OL（office lady，办公室职业女性）能在职场行使"看不见的权力"，是因为她们对职场没有任何野心。她们找茬儿或控制男同事看上去是一种对男性的"抵抗"，但最终只会使职场中的性别差异重复生产。她们过了三十五岁才能脱离守株待兔的阶段，因为到那时结婚将不在她们的考虑范围之内了。

"花子世代"的后面就是"败犬世代"。《败犬的远吠》（讲谈社，2003 年）的作者酒井顺子（1966 年生）就是"败犬"世代的代表人物，这代人的晚婚化愈演愈烈，最终发展为不婚化。她们使不结婚的比率迅速上升，从而推进了人口数量的减少。据说首都圈的三十几岁的女性有三分之一的人都是单身，她们是一个相当大的群体。泡沫经济的时候，她们这代人还在上学，没有进入社会挣钱，所以没有享受到泡沫经济带来的好处，而当她们踏入社会时泡沫经济已经破灭，那时已经分出了阶层差距。

她们虽然是在泡沫经济破灭之后开始找工作，但那时的就业形势不像现在，至少距离推进雇佣弹性化政策还有一段时间，所以虽说找到的工作只是一般岗的女白领，但起码是正式员工。因为是正式员工，所以她们可以安心地做"败犬"。经济开始低迷之后，女性劳动者的平均工龄都延长了。因为担心辞掉工作后就会走投无路，大家都开始紧紧地抓牢自己的饭碗。在这种情况下，企业的招人规划被打乱了，导致年轻女性之中有正式编制的人越来越少。

到后来，经济陷入长期低迷，劳动力市场的弹性化[134]倾向越发严重，能坐稳女白领这样的一般岗位也变得很难，于是很多人成了"女性派遣职员"。而"蛯原式女白领"就是这代人。她们因为啃着父母的老，所以可支配的收入虽然高，但是不具有自己独立生活的经济实力。她们只能依靠男人才能独立，可是因为婚姻市场的错配，又找不到她们眼中的好男人。"花子世代"宣称不满足于只是工作和结婚，而"蛯原式女白领"世代可能会成为连工作和结婚都没有指望的一代人。

三浦： "派遣"世代正好开始于"团块二代"，如今她们已经三十多岁了。调查发现，"派遣"世代的员工对消费和生活都非常消极。尤其是28—32岁的未婚派遣员工中，回答"对未来没有期望"的人，占到了47%，而已婚的正式员工中回答"对未来有期望"的人，则占到了89%。

上野： 三十岁以下的人情况如何呢？
三浦： 三十岁以下倒是差别不大。23—27岁的未婚且为派遣员工的人中认为自己前途无望的，仅有25%。因为在这个年龄段，派遣职工与正式员工的工资差不了多少。但是过了三十岁，正式员工的工资会上涨，而派遣职工的薪水却毫无增长。而且，如果是已婚的正式员工，那么她们有三个归属：自己的公司、丈夫、丈夫的公司。而未婚的派遣职工因为没有固定单位，所以没有自己的归属之处。

上野: 这些人的啃老程度(跟父母一起住的比率)应该很高吧?

三浦: 当然很高。28—32 岁的派遣员工中有 63% 的人在啃老，即便到了 32—37 岁也还有 62%。而同年龄段的正式员工，分别只有 54% 和 36%。如果有经济实力就会离开父母身边，但一直是派遣职工的话就只好继续啃老了。

上野: 派遣员工不但被劳动力市场排除在外，结婚市场也没有对她们敞开大门。

三浦: 遭受了双重压迫。

上野: 三十五岁对女性来说就是一个分界点，过了三十五岁，结婚就会从人生计划中删除。不过听说最近这一上限提高到了四十岁。

三浦: 那应该比以前轻松吧。

上野: 哪里，是越来越辛苦了。当第一次直面必须自己拿主意的人生计划时，她们会发现自己没有一点积蓄。反过来说，三十五岁以前她们还在思考根据邂逅男人的好坏，决定自己今后的生活。但是受超级老龄化的影响，父母对于依然单身还留在家里的女儿，指望她养老的期望值越来越高，从而会希望她们不要出嫁。

三浦: 都到这种程度了吗?

上野： 在父母看来，就当作女儿离婚后回到娘家好了。

三浦： 哎？！不是吧。设身处地一想，这样度过人生也未免太绝望了吧？婚结不了，正式员工也当不上，而且还要照料老人。

上野： 倒是可以得到父母的遗产（笑）。

三浦： 虽说如此，可是也没有多少父母能留下可观的遗产吧？

上野： "团块一代"这代人，可能光是自己的养老就把积蓄都花完了，毕竟就只有这么点积蓄。自己一辈子打拼下来的积蓄，自己花完倒是安心地走了。当女儿终于从养老看护中解放出来的时候，发现自己依然一无所有、形单影只，并且还上了年纪（笑）。这是很可能发生的。不过这总比只留下光棍儿子要强。

三浦： 您说的也就是十年、二十年后的事了。

上野： 很难想象父母会将依附自己生活的女儿赶出门，因为这些父母都是双标的。我见过太多这样的父母了，嘴上都说："我家女儿都三十多了，还赖在娘家不走，该怎么办好呢？"而说这话的时候嘴角都忍不住上扬（笑），毕竟心里根本不希望女儿离开。

三浦： 现实很残酷啊。

上野： 是的。没有什么是比女儿留在娘家更好的了。"儿子终究会被媳妇夺走，幸亏生的是女儿"，"不管是当派遣员工还是做什么别的工作，我家还是能养得起一个女儿的"。
他们说这话的时候脸上别提多幸福了。

三浦：正因为父母本身的这种态度，所以女儿才不结婚的吧？

上野：对，父母自己就没有独立过，所以在培养女儿的时候
也没期望她能自食其力。这就是因果轮回。

◎宅家型的"败犬女"对"下层男"

三浦：派遣员工的数量如此庞大，而且经济也长期不景气。
就算经济有所好转，她们的时薪也提高不了多少，充其量一
年也就多个二十万日元罢了。

上野：听说经济在持续好转，但却是那种不增加正规就业机
会的经济复苏。因为不管经济走向如何，在全球化背景下，
任何地方的雇佣空洞化都在加剧。

三浦：因为企业没有录用更多正式员工的意愿。有趣的是，
未婚女性或派遣员工这类人，也是有消费需求的。只是她们
不出国旅行，而是倾向于在家里做些喜欢的事，比如弄些香
薰什么的。

上野：就是在家里悠闲享受的那类人吧。

三浦：对。毕竟也不那么年轻了，似乎也没有什么精气神出
门折腾了。而且经济水平有限，也不会想去出国旅行。我觉
得恐怕现在女性中会经常出国旅行的，应该就是那些刚结婚

还没生孩子的人。

上野：还有那些完成了养育儿女任务的"团块一代"主妇们。

三浦：据说三十多岁的未婚女性，且工作是派遣职员类的人，一般对出国旅行提不起兴致，她们就待在家里听听恩雅（爱尔兰女歌手）的治愈系歌曲（笑）。

上野：这样啊。

三浦：前不久我采访了一位女性，我感觉她一定听恩雅的歌，结果真被我猜中了。我不清楚在国外怎样，反正在日本，恩雅就是那种"败犬们听的音乐"。

上野：属于治愈系的那种吧。看来询问对方"喜欢恩雅，对吧？"得到肯定回答的概率很高啊。我倒是也喜欢恩雅……难道我也需要治愈（爆笑）？

三浦：还有就是"训练和学习"派，她们对各类文化培训班都浅尝辄止。唱唱圣歌，跳跳草裙舞，成了宛如流连于各种培训班的难民。因为她们自己也弄不清楚，哪里才是自己的安身立命之所，在工作和婚姻之中都没有找到属于自己的归属感，就只能挖掘兴趣爱好了。

上野：我一直都在说，这样也没什么不好，把它当作晚年生活提前了就好。跟您一样观察研究"团块一代"的营销专家辻中俊树就把"团块二代"称作"提前拿退休金生活的人"。不过这里的"退休金"指的是父母的腰包。"团块二代"对异性的热情不高，恋人就好像是退休后的"茶友"。提到约会也就是两人一起到超市购物、做饭、看看视频之类，他们喜欢在家里悠闲地约会。

三浦：哎呀，毕竟他们才三十岁，我想是不会愿意被人说成"晚年"的。

上野：就权当整个日本社会都步入晚年了（笑）。

三浦：当事人可不这么想吧。

上野：这个先放一边，我觉得好奇的是，说起"败犬""不婚化"现象的时候，一般都是指女性。明明同辈人之中"败犬男"会更多，可他们从来不会成为话题，也不会成为销售战略的目标，而且他们也不会被叫作"败犬"，那这些人的情况如何呢？

三浦：他们大概整天都对着电脑。根据某一开发商的调查，独居男性每天平均有五小时是坐在电脑前面的。

上野：这些人是网络的重度依赖者。读了您的《下流社会》，我得知了"下流"群体中有很多人是网络的重度依赖者，因为现在玩电脑是最简便且便宜的娱乐。您还写道：与宅家型相反，户外型的人要明显偏少。细想一下，确实如此。

三浦：即便是骑自行车这种不花钱的户外运动，都是"上层"的人做得更多。"下流"男性完全不运动，女性也是一样，都宅在家不出门（笑）。

上野：而无论对男性还是女性来说，能够支撑他们这种宅家型生活的强大基础设施就是便利店了。

三浦：对。还有高端超市"成城石井"之类。即使一个人生活也可以去超市买个精致的快餐回家，边听恩雅边喝着洋甘菊茶，佛系地生活着（笑）。另外，还有网购系统支持，即便足不出户，维持日常生活也没有问题。甚至有传言说有的人觉得麻烦，连便利店都懒得去了。

上野：我曾经跟精神科的斋藤环医生争论过这个话题，他在《家人的痕迹》（筑摩书房，2006 年）一书中写道："败犬女"就是持有"阴茎嫉妒"的女性。"阴茎嫉妒"一词是弗洛伊德心理学的术语，是指没能成为男性而羡慕男性的女性的一种心理。为什么斋藤用了这个词呢？因为他认为"败犬女"内化了男性价值观，即"将结婚和孩子置于至高无上的地位"。所以才称自己为"败犬"。我对他说："身为一位精神分析方面的医生，您的解释未免过于简单了。"她们之所以自称为"败犬"，是因为她们尚有余力戏谑自己。我认为斋藤没有读出这个词包含的谐谑。反过来说，处于同一年龄段且尚未结婚的男性，按理说与她们是一体两面，但"败犬男"们甚至会尽量避免使用"败犬"一词自称。这也从另一方面说明了男性们认为自己输得更惨。男性的处境，令他们连对于承认自己失败这件事都要三缄其口；而女性采取的战略，则是干脆地承认失败，然后从竞争中退出。由此可以看出男性更压抑自己。

三浦：从这个意义来说，"下流"一词或许用来指称"败犬男"

更合适。

上野：我明白了。

三浦：另外，我们不怎么会听到女性说自己属于"下流"，我虽然没有看过"2chane1"[135]，但我听说在这个网络环境中，经常有人说"今天我做了这样的事，原来我是'下流'？"（笑）。所以我想他们就是用"下流"一词规避掉了"败犬"。

上野：原来如此！

三浦：到头来，"下流"的标签，还是为他们提供了存在的意义（笑）。

上野：这个词非常适合阶层论。说到底，阶层还是男性的属性，并不是女性的。从理论上说，女性是通过属于某一男性，而被间接地赋予了自己的阶级归属（笑）。所以男性用阶层术语称呼自己，而女性则使用婚姻相关用语。

三浦：没错。女性在一定程度上有可能通过结婚实现阶层跳跃，所以才不称自己为"下流"。

上野：对，她们从不这样称呼自己。如此说来，"败犬女"对阵"下流男"咯（笑）？不过，同样年龄段的"败犬"和"下流"，"败犬"的经济层次更高些吧？

三浦：是的。

上野：下一代也许会出现"下流男"与"败犬女"的组合呢。

三浦：双方都是宅在家的类型，所以他们大概率不会碰面（笑）。经过调查，我统计出了一个有趣的结果，那就是男性之中还是存在一些阶层意识淡漠，但对生活很满足的人。虽说是"下流"，但三十岁出头的年纪，年收入也有三百万日元左右。

上野：那还真不少呢。一个人生活的话足够了，但是结婚的话还不够。三百多万处于不上不下的位置。"败犬女"不会将年薪只有三百万日元的男性视为结婚对象的。之所以"败犬女"和"下流男"不会相遇，不单单是因为二者都是宅家型，而且他们就算偶遇了也只会擦肩而过。本田透在《电波男》（三岁书库，2005 年）中提到的，"败犬女"歧视宅男，就是这个意思。"宅男"和"喜欢买爱马仕的女性"的邂逅只会发生在网络世界中（笑）。

三浦：也许吧。男性三十岁出头年收入仅有三百万是有点"下流"的感觉。不过他们好歹是正式员工，并没有极度的"下层意识"。而且重要的是，他们都有一些爱好，比如服饰和室内装饰。

上野：哦？

三浦：他们是家居潮流的主力军，而且都喜欢看登在 *POPEYE*（家居杂志）上类似于"房间大改造"的内容。

上野：还是宅家型？

三浦：没错。就是宅家型，不过他们也喜欢买衣服。与男性相反，有些认为自己是"中流"的未婚女性，反而对生活的满意度不高。她们的喜欢跑车，下班后会去看戏和看电影，当然也包括买奢侈品，总之她们是户外型。这些比"败犬"和"下流"高一个阶层的女性非常好动，每天晚上都会外出活动，所以她们并不会与宅在家里闭门不出的男性相遇，因此也不会导致结婚人数的增加。

上野：女性外出的时候不会一个人，必然会有同伴吧？

三浦：通常都是女性之间一起结伴，另外让人感到意外的是，她们竟会喜欢车，会买进口汽车。

上野：从很早以前开始，女性之间便会搭伴一起去品尝各处美食。女性之间是可以提议"下次 AA 制去吃个四星级的餐厅"之类的，但考虑到男性的经济状况，很难对男性张口说"带我去这种高端的场所"。虽然都说日本人在性方面比较早熟，可初中生往上，那些一起结伴而行的小团体，依然是同性之间的。在日本社会，性别隔离作为一种文化，至今仍然生生不息，生命力强大。所以我觉得，从年轻一代身上可以看出，在日本最终还是无法孕育出情侣文化。

三浦：是啊。

上野：在这种性别隔离的社会性别文化下，女性通过处于同性团体之中，获得强烈的安全感。这就是所谓的"女子学校文化"。男性以前应当也是如此，比起异性，与同性结伴而行要更轻松，这就是同性社交文化（homosocial）。曾经被男性之间的纽带联结起来的男性世界不断崩塌，与此同时，个体化的"宅男"越来越多了，从而一部分人发生了阶层的改变。

这些人当中位居"下层"的男性每天都对着电脑，而比他们处于更高经济阶层的人，则住在精品房里，用 100 英寸的大屏幕看着歌剧，就像小泉纯一郎那样（笑）。

三浦：上层人士给人的感觉是"喜欢高大上的东西"，且没有代际差异。总之，不管是"新人类世代"还是三十多岁的人，都喜欢这类事物。

上野：在年龄大点的人当中，经济阶层越高的人已婚率也更高。

三浦：是的。如今独自买公寓的男性很多。尤其是买自己参与设计的合作集体住宅[136]，或者设计师设计的公寓的人，似乎很多都是同性恋。从以往的经验和统计结果来看，连住宅都要住得漂亮的男性，是有一定审美标准的，所以会带点同性恋的气质（笑）。

★ 便利店和家庭餐厅世代
★ 被不断封闭的孩子的世界

『后团块二代』（『花子二代』）的病理

◎便利店和家庭餐厅世代

上野： 您对即将迈入二十岁的"后团块二代"怎么看呢？

三浦： 您说的是"花子世代"的孩子吧。在《下流社会》一书中，我写道：在"追求自我"方面，"团块一代"和"团块二代"产生了阶层性逆转，而"花子世代"和"新人类世代"整体上却都贴近"团块一代"。这次我做的关于育儿意识的调查显示，"中流"及以下的父母基本上都抱有"孩子只要活出自己的个性就好"的价值观。

不过，那些"中流"偏上的父母还是热衷于让孩子参加各种考试，有的父母还倾慕"总统家庭"那样的氛围，所以参加小升初择校考试和没有参加择校考试的孩子，今后两者之间的差距将逐渐显现。在东京，有 60% ~ 70% 的孩子会参加小学初中一体化的私立学校的考试。但我家孩子同学的父母中，也有人认为"没有必要备考""小学生放学回来还要学习，真叫人难受，还是让他玩吧"。这种想法我认为也蛮好的。只不过一半以上的孩子都在备考，所以已经出现了明显的两极分化。

上野："花子世代"培养的孩子，现在还不到二十岁，我认为这些孩子与他们父辈的病理很复杂。之所以这么说，是因为父辈们充分享受了 20 世纪 80 年代泡沫经济带来的繁荣景象，虽然很短暂，但他们体验过那种无需遮掩的高大志向。换言之，他们度过的学校生活，便是将"只要做了，就能成功"这种新自由主义的规则躯体化的社会。而他们的下一代却生活在对未来抱有深切担忧的社会，所以今后这些孩子会遇到各式各样的问题。

三浦：比如说什么样的问题？

上野：这几年我观察到的学生跟以往的学生有很大不同。他们中有些人把自己关在家里，有些出现了进食障碍，有些人害怕与人交往，还有的有自残行为。这些人大概率有一个共同的原因，那就是非常害怕遭到别人负面的评价。

三浦：我经常能听到有人仅被老师说了一下"你这个摘要写得不行！"后，就不去上课了。

上野：一点也受不了打击。这些学生的抗压能力相当差。若要分析他们会在哪个环节出问题，我认为引爆点就是他们毕业后的求职活动。笔试虽然通过了，但面试时被刷了下来。他们不明白为什么自己通不过面试，觉得自己的全部人格似乎都被否定了。于是，突然有一天他们会说："我不配活着。"找工作受挫的学生一般都是交流能力差的人。那些想着"如果换位思考我也不会录用我自己"的人，终究会失败。而且他们看到跟自己同届毕业的学生都找到了工作，就会跟那些人进行比较，于是越来越着急。

我听说有这样的事，某个男生本来打算乘电车去学校，可是他觉得车上所有乘客都盯着自己，感到很害怕，就干脆返回住处了。以前倒是也发生过这样的事件，但不知为何最近这样的学生越来越多，难道是学生的素质不一样了吗？

三浦：您说的是东大学生的例子吧？不过几乎所有大学的老师都说过同样的案例。这到底是社会环境的变化所致，还是父母们的养育造成的呢？

上野：其他大学的老师也讲过不少类似的情况，那东大的学生就不是特例了。而且，最近的东大学生也不过是学习成绩好的"普通"孩子。这些案例的发生有诸多原因，最主要的一个原因就是少子化，父母对孩子的过分控制使孩子丧失了自我。而且，这些孩子都是"好孩子症候群"，一心想要回应父母的期待。而父母这代人仍然秉承着学校教育式的价值观，即：只要努力，总有回报。

三浦：而且这些父母都是经历过全国共同第一次学力考试[137]的

那代人（1960 年前后出生）。

上野：除了少子化，还有一个原因，那就是这些孩子之前在考试竞争中都顺利击败了其他对手，因而对于别人给出的负面评价难以承受。

三浦：正因为考试从未失败，所以没有被否定过。

上野：很可能是这样。所以说处于二流、三流学校水平的孩子，更经得起打击。他们身上有一种"失败也没关系"的韧性。除了上面两个原因，还有一个就是父母的社会经验相对贫乏，不擅长与人交流，所以他们的孩子自然也无法提升这方面的能力。

三浦：所以，这些孩子即便去国外旅行，在餐厅里也不敢点餐。因为没有去过类似的餐厅。在日本，他们只去便利店和家庭餐厅。因为走进便利店可以轻松找到自己想要的东西，在家庭餐厅里点餐也只需要复述下菜名。

上野：日本的消费社会化取得了领先于世界的两大成就，那就是发明了便利店和家庭餐厅。这两项成就非常了不起，因为它创造出了即便不具备沟通能力的人也能生存下去的基础设施（笑）。

三浦：没错。去了欧洲，就很能体会这一点。不开口说话就什么也买不到。

上野：在家庭餐厅，只要手一指菜单里的照片，不说话也可以点菜。但是在美国，就算买一个三明治，从面包的种类是否需要涂抹芥末，到馅料是否加火腿、芝士、西红柿，甚至芝士的品种是要车达的（Cheddar cheese）还是瑞士的（Swiss cheese）都要进行选择，当然会手忙脚乱了。

三浦：日本的某些家庭餐厅和居酒屋甚至可以通过按钮来点餐。顾客不需要动口就可以享受服务。

上野：我有时觉得很讽刺，虽然都在说"下流"群体缺乏社交能力，但创造出越来越多如此缺乏主动性的消费者的，不正是日本社会吗？

三浦：的确如此。

上野：而且日本的教育也好，行政部门也好，都以此为努力目标。我真想对那些宣称要"修改教育基本法"的自民党老头子们说："你们经历了三代人的努力，终于成功造就了日本的保守派主流所期望的国民，这正是你们想看到的结果。"啊呀！这样一来，年轻人因此把票投给自民党的话，倒是正中其下怀（笑）。

三浦：如果在网上进行公投的话，估计会是这样的结果吧。

上野：整体来看，国民的力量在下降，国家的国际地位也日渐衰弱，这个结果在意料之中吧。

三浦：但政治家和国民都想不通为何会沦落到如此境地。

上野：也许是吧。

◎被不断封闭的孩子的世界

三浦：我从很早开始就一直批判"快速风土论"[138]（《快速风土化的日本》，2004 年；《脱快速风土宣言》，2006 年；皆为洋泉社出版）的观点，该主张是将全日本变成郊区的一种论调。日本在二战后通过打破旧的社区，将个人的力量用于发展自由主义经济。这虽然取得了不错的成果，但同时丢失了社区曾经具备的优势。在社区长大的孩子，自然地融入社会，掌握了在社会中生存所需的社交技巧，接触到了家人以外的各色各样的人，从而潜移默化地学到了多种多样的看待事物的方法，这是社区的隐性功能。总而言之就是将孩子社会化的功能。这种功能存在于社区，或是街区。

在那个商业街生机盎然的时代，自己家是果蔬店，隔壁是卖鱼的，鱼店的旁边的店里住着手艺人，而这些店铺的对面就是富有山手（城市靠山地区）特色的住宅区。孩子在商店街看着各种各样的人长大，如果父母要求孩子继承家业，孩子就会说："开果蔬店太没意思了，我要当上班族。"要么会说："我最喜欢那个木匠大叔了，所以我想成为木匠。"或者会说："卖自行车的大叔工作的样子看起来最开心，我要跟他一样。"姑且不说孩子们的想法是否能够实现，如果在这种商业街中长大，那么在十岁左右就能够自然而然地明白：大人们的价值观也是彼此不同的，人是有很多种活法的。

上野：而这种激发商业街活力的计划成为可能的前提条件是，它需要是一个社区。在这里，孩子不打一声招呼就可以去别人家串门，可以自然而然地在邻居家蹭饭。而如今，社会逐渐演变为对孩子而言越发危险的存在，孩子不提前约好，便无法去朋友家玩，上学路上也处于大人的监督之下。

三浦：大人其实希望孩子随时可以去别人家玩，但是由于担心孩子被拐走，结果就是不允许孩子外出，从而逐渐封闭了孩子的世界。这样一来，孩子就会丧失接触到父母以外大人的机会了。

上野：孩子去别人家串门吃饭，自然会看到那家的夫妻关系如何。于是，孩子便会发现与自己家父母不同的夫妻也是存在的。

三浦：他们自然能感受到人生是多种多样的。

上野：但是现在父母却限制了孩子本有的多种选择。即便孩子长大，他们仍会注意不让孩子置身于其他大人的社会之中。我跟东大的学生相处了十年，感觉到的明显的变化就是学生越来越幼稚了。这并不是因为我跟他们的年龄相差越来越大了（笑）。您经常提到"三十五岁成人说"，大概就是说现代人的社会年龄只相当于其生理年龄的百分之七十吧。

三浦：我觉得要更低一些，百分之六十左右，因为三十五岁乘以百分之六十的话才二十一岁。

上野：有道理。他们的社会经验真的非常匮乏，我觉得过了十五岁还没有打过工是有问题的。很多高中都禁止学生打工。如果是出于担心，那么大人应该负责筛选打工场所，在确保打工环境足够安全的基础上，再附带提供"后勤服务"，然后把孩子送去打工就好了。大学有就业体验制度[139]，让初中生和高中生也同样去体验一下社会多好，可为什么就不搞呢？

三浦：有些高中已经开始搞了吧。

上野：为了减少尼特族和自由职业者，终于有人开始行动起来了。

三浦：但并不是以所有孩子为对象的。

上野：为了让孩子将来有工作的动力，听说从十四岁就开始进行就业体验的项目也启动了。但我认为应该建立一个社会机制，通过这种机制增加孩子的社会经验，让他们接触到不同类型的大人。

三浦：您说的是类似于职业训练那种吧。

上野：不是仅仅体验职场，希望孩子们能够体会到通过自己的劳动赚钱是怎么一回事。

三浦：在美国，直到今天还保留着让孩子养成自己赚零花钱的文化习惯。之前我去美国的时候，就曾透过车窗看到了有个中学生模样的孩子举着"洗车"的牌子挣零花钱的一幕。

上野：哪怕是富人的孩子也要打工。美国社会那么危险，父母还是会让孩子这样做。

三浦：因为他们清楚地知道，总有一天孩子们要踏入这样危险的社会中。

上野：孩子不可能永远在无菌的温室中长大。不过在危险社会中长大的代价是难免会使十几岁的孩子们受到性行为和毒品的影响。所以必须让他们置身于"杂音"之中，提高处理"杂音"的能力。

三浦：最近在新闻记者和电视播报员中，患神经衰弱症的人数似乎直线上升。很多做媒体工作的人因为上学时成绩优异，没有经历过"杂音"。这些人被派到社会部或报道部之后要去采访，采访时发现耳边全是"杂音"。他们整天接触农协和商工会的怪老头们，面对的都是些完全不知道在说些什么的人（笑），所以就神经衰弱了。甚至还发生过 NHK 的记者连续纵火事件呢（2005 年 4—6 月）。

上野：我有两个疑惑：首先就是他们当初为什么想成为记者，其次就是报社或电视台为什么录用这样的人。到底是应聘方的判断失误，还是招聘方缺乏眼光呢？

三浦：应聘的人认为自己学历过硬，不去报社可惜了，而报社那边因为应聘者的成绩优异而录用了他们。所以才会有入职仅三个月就患上神经衰弱症，然后不去上班的人。不管是大的报社还是地方的小报社，这种不想对现实社会进行采访的记者都是有增无减的。

上野：所以才有记者说"我喜欢待在内勤部呢"（笑）。

三浦：或者要求调到分社去工作。

上野：这不仅仅是家庭造成的，这种局面还是日本战后的文教行政部门一手造成的，因为他们一直贯彻的方针便是：防范学校出现任何的"杂音"。

三浦：没错，学校已经不再是一个小型的社会了。

上野："国旗和国歌问题"也是如此。最近东京都发通告说，决定撤销原来的职工会议[140]，改为职工联络会，这简直不可理喻。教师自己都不能自由发表言论了，在这样的环境下成长的孩子又怎么可能提高交流能力呢？教师的培养体系、录用体系，以及管理体系都是为了防止"杂音"的产生，在这种体制下，学生不可能健康地成长。所以之前说过了，我真想对执政党说："祝贺你们，国民都成了你们期待的模样。"（笑）

三浦：您的这个嘲讽他们不会理解的。某县的工商部门对当地的商业街进行调查，发现有些店售卖过期的食品；还有的店，工商部门的人进去之后，发现店主老头的态度极不友善，于是调查人员就得出结论：如果吉之岛（JUSCO）前来开店，这些服务态度不好的商店肯定要倒闭。但是，把商店街作为社会的一部分来看待的话，说话不太友善的老头也是被需要的。虽然这样下去顾客都会流入吉之岛，但是如果去了吉之岛和GAP服装店之后他们会发现，那里的店员只会机械般地重复"欢迎光临，您好！"这不也很奇怪吗？

步入社会之后，上司不会一直对你说："欢迎光临，您好！"相反，被大声呵斥的情况是家常便饭。只不过如今的孩子，并没有被训练成可以忍受这种"杂音"的状态。我觉得在商店街的店里对顾客不够客气的老头没有什么不对。需要顾客以一种低姿态去买东西的店也可以存在。如果整个社会都变得只会说"欢迎光临，您好！"岂不是大学教授也要对学生说："您好！很高兴您能光顾，欢迎光临上野研讨小组，谢谢惠顾"了。

上野：最近抢夺生源很厉害，有些大学不得不这样说了呢（笑）。

三浦：我希望至少您的上野研讨小组还可以不说那样的话。

上野：国立大学因为搞"民营化"，也被市场经济的那一套侵蚀了。

三浦：那快倒闭的私立学校岂不是已经……?

上野：在那里，学生就是顾客，学校职员都会笑容可掬地说："欢迎来到我们学校，很高兴你选择了我们学校，请不要逃离。"

三浦：那还真是卑躬屈膝呢。在这里毕业出来的学生将来步入社会，恐怕会让上司请示他们：感谢你今天也来上班，今天您要做点什么事呢？（笑）

第三部

企业和个人史

01

PARCO 个人史（三浦展）

- ★ 入职 PARCO 源于一条广告
- ★ 大众是强势的消费群体？
- ★ 被强行注入的 *ACROSS* 思想
- ★ 中途退出 "PARCO 大学" 的博士课程

◎入职 PARCO 源于一条广告

上野：作为一位营销专家，您展现出过人的能力，我从很久之前就对此赞赏不已。不仅如此，您还是一个社会学想象力丰富的人，我甚至曾经想过把您发展成一位社会学家。而如今，您已经以"郊区社会学"学者自居，真的是如我所愿了。您的这些才能是如何被激发出来的？我一直很好奇，很久之前就想当面采访您本人。今天终于有了这个机会，请您一定要好好谈谈。您曾经担任过 PARCO 出版社出版的月刊杂志——*ACROSS* 的主编，您果然不愧是被这个出版社培育出来的人才，难怪如此厉害。

三浦：哪里哪里。

上野：您是进入 PARCO 之后，不久就被到分派到 *ACROSS* 编辑部工作了吗？

三浦：是的。

上野：是您本人要求的吗？

三浦：我本来更想做美术书的编辑工作，但是拿到内定[141]后，我填的志愿是文化活动策划。当时 PARCO 在做一些美术及电影等方面的文化活动，比如举办"装饰艺术展""维斯康蒂[142]展"等。我很想从事那方面的工作，于是就把它作为第一志愿报上去了。第二志愿是美术书编辑部，*ACROSS* 杂志编辑是第三志愿。

上野：你毕业于一桥大学的社会学系，那么您本来就是社会学专业的学者。一桥的学生总给人一种古板、沉闷的印象，不像是一所能培养出有意从事文化活动类型人才的学校。田中康夫[143]也是一桥毕业的吧？他也很独具一格。

三浦：他是法学系的，学的是国际政治。

上野：跟您差不多是同一辈人吧？

三浦：他比我大两岁，因为没考上东大法学系，就复读了一年进了一桥。他有很多地方也不像是从一桥出来的。因为一桥大学基本上就是一个打造上班族的工厂。其实，我也参加了一桥的研究生入学考试，但没有考上。

上野：哦？那您原本是想成为学者的吗？

三浦：倒也没那么殷切期望。只是大四的时候不想找工作，就想先考研吧。或者说只好去考个研什么的。

上野：这么说来，您也曾选择过读研这条路（笑）。

三浦：是的。虽然现在的研究生院门槛很低，几乎来者不拒，但当年我考的时候，很严格，所以我没能考取。据说当年南博[144]教授轻率地招收了很多学生，后来不能按期毕业的人非常多。那些人就是"团块一代"。听说后来南博教授的继任——佐藤毅[145]教授为了给这些没拿到学位的人找工作而到处奔波，因此早早就累死了（笑）。总之，当时研究生遍地都是。于是我就想：读研是没有指望了，还是就职算了，那就去PARCO吧。

上野：这么说，您是到"大五"[146]的时候才想到要去就业的吧？

三浦：决定去PARCO是在"大五"的那年夏天。我是在10月1日（1981年）开始求职活动的，第一次去PARCO好像是10月二三号的样子。

上野：因而赶上了当年的招聘呢。您毕业的那会儿，PARCO给世人的印象是怎样的呢？在大学生圈内已经成为受欢迎的企业之一了吗？

三浦：总体看来完全没有。因为PARCO当时是家小公司，员工只有200人，营业额也仅有1000亿日元。不过，在一部分学生当中已经颇具人气。去应聘电通和大出版社的同时，顺带着参加 PARCO 面试的人也很多，一个岗位恐怕会有几百人去应聘吧。

上野：毕竟处在广告时代嘛。

三浦：准确来说正值广告时代的开始。1979 年，《广告批评》[147] 已经创刊了。

上野：您只是受了潮流的影响？

三浦：嗯嗯，那时的我算是一个追赶潮流的"脑残粉"吧（笑）。不过，对我来说，PARCO 的一则题为"啊，原点。"的广告是我的 PARCO 的"原点"。我在 1977 年 4 月大学入学，当年 9 月买了电视机。第一次打开电视时，正好在播这则广告，我当时就被震住了：简直太酷了！如此令人震撼的作品竟然只是一则广告！我老家是新潟的，所以之前从来没有看过 PARCO 的广告。

上野：是啊，那个时候 PARCO 投放的宣传广告仅限于东京圈地区。当时，在东京一方独大的势头越来越猛。在关西人看来，PARCO 的广告只是东京的地方资讯。在首都圈成为一个主流区域的同时，关西地区也沦为了普通的地区城市。就拿 *Hanako* 来说，它原本只是首都圈的区域杂志，但关西的时髦女孩子都会来东京买了之后带回去。不过，这个杂志主打的毕竟是东京的地方资讯，所以其实买回去也没什么用（笑）。

三浦：在 *Hanako WEST*[148] 创刊之前是这样的。我那时经常读 PARCO 的读者投稿杂志——《吃惊之屋》，但是当我从中看到"啊，原点。"的广告时，就好像被电流击中一般震撼到我。我上学的时候正值 PARCO 广告的黄金时代，比如石冈瑛子的广告就非常生动，山口春美用喷绘创作出的娇艳女性形象也魅力无限。之后 PARCO 也出版了很多与众不同的优秀作品，比如高迪和斯坦纳的写真集之类的。这也是吸引我入职 PARCO 的原因。说起来，杂志《现代思想》封底上的广告就是 PARCO 做的呢。

上野：是啊，封底的插图是山口春美画的。这算是"思想品牌化"的开端了吧（笑）。
三浦：一个善于创作诱发人们兴趣的广告的公司，选择在思想杂志的封底上打广告，让我觉得很新鲜。

上野：所以你就过五关斩六将，最终通过面试了吗？
三浦：哪里哪里，完全是承蒙 PARCO 不弃才能就职的。

上野：也就是说 PARCO 是您的第一志愿咯。
三浦：是的，我想的是其他公司都无所谓，只要能进 PARCO 就行。

上野：你在学生时代就是 PARCO 的客户了吗？
三浦：完全不是，我一次都没去过 PARCO 的店铺。

上野：不会吧？！
三浦：因为没有去过店里，所以当面试时人事问我对 PARCO

的店铺有什么看法时，我真是一时回答不上来（笑）。不过，我在读高中的时候，曾经在涩谷 PARCO 的"海报之屋"店铺买过两次海报，于是我快速在大脑中检索当时留下的印象，然后回答道："PARCO 给我的感觉如同现在的跳蚤市场。"20世纪 70 年代，表参上可以看到很多露天售货摊，类似于现在的跳蚤市场，PARCO 给我的印象便是如此。我当时回答得太随意了，所以我觉得可能与 PARCO 无缘了。没想到我却通过面试了，现在回想起来，大概是我的那个回答抓住了问题的关键。或许人家觉得我这个人语出惊人，很有趣。

上野：您的语言表现力真的不一般呢。总比回答"像庙会"要好（笑）。

三浦：总之，我本就想做文艺类的工作才选择 PARCO 的，除此以外还有一个原因是我与一本书的邂逅。书的名字为《聚焦在广告的那一天——杉山登志的时代》（PARCO 出版社，1978 年），书中收录了广告影片制片人杉山登志[149]的作品。

上野：还有这回事啊。

三浦：1978 年，我在武藏小金井车站（位于东京都小金井市）的书店发现了这本书，就立即买了下来。

上野：对杉山登志这个名字我也有很深刻的印象，不知道我的记忆是否准确，他就是那个在遗书中留下名句"不幸的人怎能创造出幸福的广告词"后自杀的广告制作人吧？

三浦：准确地说，是"不幸的人怎能描绘出幸福的世界"。

因为他是广告影片的制片人。在我初三的时候，曾看过朝日报纸上登载的一则关于杉山登志自杀的报道，题为《"慢慢来"的陨落》（1973 年 12 月 26 日），这则报道给我的印象极为深刻。

上野：您才上初三，这一事件竟然会让你印象深刻？

三浦：我之所以印象深刻，是因为我虽然不知道杉山登志本人的模样，却非常喜欢他的广告，在看那篇报道时，才知道他是拍广告的，心想："原来创作着我喜爱的广告的那位制片人，就这样死去了。"所以在书店发现那本书的时候，一下子就激起了我的回忆。

上野：您现在和他进入了相同的业界，您没有想过"做这行会变得不幸"吗？

三浦：完全没有呢（笑）。跟如今的"下流"自由职业者一样，我无法从事自己不喜欢的工作。我曾经的想法是，一定要从事那种能让我喜欢到豁出这条命也值了的工作。我认为既然是那种能让自己钻牛角尖以至于变得不幸的工作，也说明这份工作是值得做的。对于五年前报纸上刊登的那篇杉山登志去世的报道，那本书（《聚焦在广告的那一天——杉山登志的时代》）也原封不动地引用了。不同于现在，在那个年代，广告行业的人制作的广告影片和纪录片，很少有能出书的。这本书将我在小学和初中时一直憧憬的广告以彩色画面呈现出来，书的编者中有石冈瑛子的名字，也是那时我才知道她的名字，以及她作为艺术总监的身份。

上野：不过，话说回来，您还是初中生的时候，就对广告产生兴趣，还真是有点早熟呢。

三浦：我有一个比我大五岁的哥哥，经常会跟我说起某某广告不错。

上野：看来你们家是"艺术之家"啊。在你年幼的心里，印象最深刻的广告是什么呢？

三浦：那时我经常看 TBS 电视台每周四晚上八点开播的《大胆老妈》，这个节目是资生堂[150]赞助的；而另一个节目《到时间了》大概是丰田汽车赞助的，不过杉山登志拍的广告基本都是以资生堂为主的。我每次看资生堂的广告都有一种这广告好棒的感觉，后来才发现这全都是杉山登志的杰作。

上野：你看到他自杀的报道时，有什么想法呢？

三浦：记不太清楚了，大概只是单纯地想自己喜欢的广告制作人怎么就这样自杀了呢。说不上震惊，但视频广告制片人自杀的事件见报确实不同寻常。我想是因为事发在石油危机之后不久，人们开始关注高度经济成长引起的诸多问题。在这样的时代背景下，一个广告制作人因为不能再打造梦想而自杀，或许这就是一种时代的象征。

上野：杉山登志的死对于同样从事广告行业的人来说，其打击一定是不小的。他的自杀让消费社会的阴暗面浮出水面，这是我看到报道后的感触。我曾是文学院的学生，而文学院的男生尤其有很多都有各种心理问题，因此跟其他学院的学生相比，文学院的男生自杀率很高。他们凡事都容易往坏处想，并且一天到晚都在耍小聪明挑别人毛病。因为周围都是这种人，所以我的性格不好也是情理之中了（笑）。

步入社会后，在跟营销和商务领域的人打交道的过程中，我发现他们身上充满了正能量，这让我惊讶不已。就像是那种加入体育类社团的大学生一样。所以得知杉山自杀的消息，我脑子里的念头是：原来他们也是不幸的，因为他们不允许自己有负能量。

三浦：我倒是没想到这些，毕竟我才上初中三年级（笑）。

◎ 大众是强势的消费群体？

上野：对了，您毕业论文写的是什么呢？
三浦：我的毕业论文题目是"马克斯·韦伯的宗教社会学与尼采的虚无主义"。

上野：噢，那可是社会学中的主流保守派啊。
三浦：就像社会经济学者山之内靖[151]近年提出的"作为近代批判者的马克斯·韦伯"，我当时也想搞这方面的研究。

上野：嗯嗯，属于贯彻自己主张的派系。
三浦：最初我想做宗教社会学的田野调查，做了一段时间之后发现田野调查让人烦躁得很，心想："这个我可搞不下去，还是算了吧。"（笑）

上野： 确实，尤其还是宗教社会学……那时起你就对"寻找自我"产生兴趣了吗？

三浦： 也不是"寻找自我"，只是想做一些时间更久远一点的新兴宗教方面的研究。《"自由时代"中"不安的自己"》的特别附录上刊登了一篇题为"天皇制的心理基础"的文章，这是我大三的时候发表的论文，那篇文章虽然没有做田野调查，但却是关于特定新兴宗教的实证研究，我本打算在这方面继续研究下去的。

上野： 虽然看似与现在毫无关联，但也许两者有着令人意外的关联性。

三浦： 还有一件难以忘怀的事，在拿到PARCO的内定后，我收到了 *ACROSS*1982年3月刊的特辑，而这一刊正是"超凡人物研究"。因为我也算是一名韦伯信奉者，并且这期研究超凡人物的杂志看上去也很有趣，所以我很乐意地接受了这份差事。没想到后来我真的被分配到了 *ACROSS* 编辑部，这份杂志一直宣扬"所谓大众就是主动创造出流行趋势的强势消费群体""他们在追求流行方面极为敏感"。我对此观点十分怀疑（笑）。不知道它为什么会得出如此奇怪的结论……因为从社会学视角来看，大众犹如流沙，是被流行裹挟的群体。

　　因此当听到这个杂志说"大众是强势的消费群体"时，我非常费解，觉得这种言论真是太不负责任了。在进入 *ACROSS* 编辑部的前三个月，我一直都觉得这是一份很另类的杂志。但是过了半年之后，我终于能够理解它，也慢慢地适应了这份杂志的做派，并逐渐意识到所谓的消费就是一种现代式宗教，就当作搞宗教社会学一样来做这份杂志就好了，于是我找到了其中的乐趣。

上野：我非常理解您的想法。因为我参与编写过一本叙述 SAISON 集团发展史的书，名为《SAISON 的思维方式》[152]，我给自己写的那部分起名为《形象的市场——大众社会的"神殿"与危机》。在日本，神社的神体是镜子。如果进入神社最里面的内神殿，便会发现里面只放置着一面镜子，而它会映照出我们的内心。人们虽然捐香火钱给神灵，但其实那只是对自己欲望的投资而已。社会学者桥爪大三郎[153]曾说："消费这一行为跟投票一样，不同之处在于选票变为货币，对象变为商品而已。"我们购买的并非物品，而是对其价值的一种介入。日本人一直以来向各路神佛捐献香火钱。对于像 SAISON 集团这样打着生活方式产业名号的巨大零售业资本而言，就算消费者以为在给不同的神灵捐献香火钱，但这些功德箱本质上都是连通的，所有的钱最终都汇于一处。大众消费社会的消费资本主义与"神殿"如出一辙，到头来消费者不过是在给自己的自画像捐香火钱，即用货币进行投票的行为，消费资本主义就是一种集票的装置。以上就是桥爪的理论逻辑。

三浦：确实有道理。

上野：在 *ACROSS* 的编辑会议上，您前面表示不能理解"大众是强势的消费群体"这一说法，并觉得这种说法不负责任。可是有趣的是，关西人可不这么想。京都学派有一个共同的前提认知，那就是："田野信息就是些随意性的数据。"他们甚至会使用一种叫作"KJ 法"[154] 的技法，研究"如何在缺乏紧密联系的散乱数据中找到明确的脉络"。因此他们对于"随意性"的适应性从一开始就与众不同。我也是适应性很强的人。关西人就是拉丁人的日本版本[155]。

三浦：没错。

上野：从新潟来到一桥大学，对于这种"随意性"您没有抵触情绪吗？

三浦：因为我是北方新教主义（笑），所以还好。

上野：也许是文化冲击吧。

三浦：是的，但是自己适应这种"随意性"之后，的确会轻松起来，进入 PARCO 之后，我感觉自己轻松多了。

上野：那时作为消费者的你是怎样的呢？

三浦：那时候我完全没有做过一个消费者该做的事。身上穿的都是便宜货，品牌的名称也都不了解，唯一知道的牌子就是"圣罗兰"（YSL）了。

上野：社会学者日高六郎曾说："那种超脱出消费社会的感性，只能在消费社会孕育的感性中产生。"我对这句话深有感触，感叹于其精妙。你虽然那时不是 PARCO 的顾客，但是后来作为消费者发生了什么变化吗？

三浦：进入 PARCO 公司工作后，我逐渐成了一个十分讲究的消费者。尤其是在 *ACROSS* 工作时，因为每天都在做营销方面的工作，便开始在意每个品牌形象的差异。我会考虑"我可不想买这个牌子的衣服，穿这个牌子的人与我可不是一类人"，不知不觉中自己就成了讲究品牌的消费者。但讲究也并非意味着穿高档品牌，而是对细微的品牌形象的差异变得非常在意。虽然我也不想这样。

上野：当时想进 PARCO 和西武百货的大学生，他们本身就是成熟的消费社会的中坚力量。就好比田中康夫的《水晶世代》（河出书房新社，1981 年）一书成为品牌指南那样。

三浦：没错，跟我同时入职的男性，穿的都是"拉夫劳伦"（Ralph Lauren）品牌的衣服。

上野：在那个时代，大家一边拿着父母给的钱生活，一边打工，打工赚的钱是完全可以自由支配的收入。

三浦：那时的我根本不知道"拉夫劳伦"是什么（笑）。我就是一个穷学生，而且住在国立 156 那一带，对名牌丝毫没有概念。尤其在上了大三，开始住在国立之后，连吉祥寺 157 都不去了。我在国立享受着绿化环境，过着与消费社会、大众社会隔绝的生活（笑）。

上野：东大的校区还在驹场（驹场位于东京都目黑区，这里指东京大学的驹场校区）的时候，在那里度过大学时代的人，对涩谷怀有一种特别的感情，因此很多人后来都不想离开驹场。与驹场比起来，本乡（这里指东京大学的本乡校区，离涩谷很近）就是穷乡僻壤，什么都没有，所以学生中的绝大多数都对涩谷依依不舍。

三浦：还有这回事啊，在这个意义上，我倒是只对国立情有独钟呢（笑）。

◎被强行注入的 *ACROSS* 思想

上野：您是哪一年进入 PARCO 的呢？

三浦：入职是在 1982 年。也就是您的《性感女孩大研究》（光文社）出版的那一年，我觉得这本书看上去很有意思，立刻就通过 *ACROSS* 编辑部作为资料用书购置了。

上野：多谢惠顾。您不会买的初版吧？

三浦：当然是初版啊。不过我现在随身携带的那本，是最近在旧书店买的（笑）。初版那本应该还能在 PRACO 的资料室里找到。我记得当时这本书曾在报纸上打着很大的广告，旁边还附着栗本慎一郎和山口昌男写下的推荐理由。

上野：正封的下面是山口昌男写的，封底则是栗本慎一郎的手笔，我的文章正好夹在这两位大佬的推荐文中间（笑）。

三浦：当时，在 *ACROSS* 的编辑部有一个习惯，那就是一旦有以女性为题材的新书出来，我们都会购入。这也是我购置这本书的原因。之后总编告诉我："这本书的作者上野千鹤子是我们杂志的资深读者了。"我深感震惊，那是我第一次听说您的大名。

上野：《性感女孩大研究》是我的单行本处女作，但在写这本书之前我在《现代思想》上写过一篇名为"消费社会的符号学"的文章。

三浦：所以您因此知道了 *ACROSS*，并开始订阅的吗？

上野：我也不记得是在哪看到的了。

三浦：我入职那会儿，这本杂志在书店也就只卖了 100 册。

上野：因为是会员制杂志，所以在一般的书店没有售卖。只有行内人才知道。现在想来真是神奇得很，我都不知道自己是怎么得到这本杂志的信息的。正所谓"行内人才懂"吧。我读研的时候没有收入。京都学派的权威加藤秀俊[158]和梅棹忠夫[159]等人合资成立了一个智库型公司，叫作 CDI（Communication Design Institute），我曾经作为研究员在那里打工，后来也入了股。这是我到现在为止唯一还拥有股份的企业。

三浦：这么说来，您是通过加藤秀俊得知 *ACROSS* 的？在我入职之前，出版社会通过外包公司，向社会学者以及心理学者约稿。我想应该也请加藤秀俊写过文章吧。

上野：也许我是在 CDI 的图书室里看到这本杂志的。

三浦：看来是给他们寄过 *ACROSS* 杂志。

上野：我在京都大学读书时，有一个曾经参加"全共斗"的同学，只是因为不想当上班族，就自己开了一个超小型咨询公司，这个公司的"资本"是一个通讯簿，上面记录着很多人的姓名住址，包括在大学方面进行团体交涉时与他曾经唇枪舌战过的教授们，以及打一个电话就随叫随到的各领域的学生。人脉就是他们的财富。他们的业务打入电通广告公司，做电通的承包商。我在那儿也打过工。

三浦： 那个公司叫什么名字？

上野： 是个叫作"etore"的一个公司，你没听过吧？

三浦： 不不，我知道的，大概两三年前我还见过这个公司的员工。

上野： 他们给电通广告公司做承包商，所以从不公开公司的名称和员工的名字。从电通得到工作委托之后，他们就会从通讯簿上找到所在领域的所有专业人才来完成任务。从理工科到人文社会学科，各种人才一应俱全。如果接到社会学方面的工作委托，一般就会找我来写文章。因此，在这个京阪神¹⁶⁰的超小型智库公司，我写过好几篇文章，当然没人知道那是我写的。

三浦： 很常见的关西做法呢。

上野： 后来我稍微有点名气之后，他们有时会在策划书上事先打出我的名字。如果我表示有异议，负责人就会说："跟客户都说好了，我们要求的话你肯定会来的。"（笑）

我如今能作为社会学者自立门户，并非在大学里学会了什么，我所有的业务水平都是在etore公司任职时打磨出来的。大学真是一丁点儿用都没有（笑），它没有教会我任何东西。

想来我之所以知道 *ACROSS* 多半也是通过 etore 了。

三浦： 在我入职的前一年，也就是 1981 年，*ACROSS* 的体制发生了变化，所有的采访稿都必须由员工来写，因此编辑部每年都会有四名新人分配进来。

上野： 我记得 *ACROSS* 有一个原则是不登载约稿，那么在 1981 年之后，稿子就全部由内部人员完成吗？

三浦： 从 1982 年 5 月刊开始，员工入职第二年起，每个月要写 10 页左右的稿子。编辑部一直维持有十二名员工的状态，其中通常有四名新职员。每过两三年后总会有几个人辞职离开，那么第二年就会再招四名，循环往复。直到我离开公司为止，一直都是这种运作方式。

上野： 进入 PARCO 之后您就一直在 *ACROSS*，完全没有去过其他部门吗？

三浦： 是的，没错。

上野： 这是您自己做出的选择吗？

三浦： 说不上是自己选的，感觉去不了其他部门。时任 PARCO 社长的增田通二先生非常器重我，所以我也不想离开。而且我能深深感受到那种自己想走也走不了的职场氛围。我的上司也很奇葩，他一直向我表现出这样的信息："我已经干不动了，剩下的就交给你这个家伙，我自己干脆辞职得了。"后来他的确离开了公司。

上野：我一直都觉得 *ACROSS* 拥有的信息处理技术非常了不起。之前也听说过他们每隔几年就要换一批新人编辑，而且，把再普通不过的素材，通过信息处理的技术做成统一规格的标准商品，每一期都保持着高质量的制作水平，这需要有一定技术的人才能做到。不仅如此，当时 *ACROSS* 的编辑方针是采取编辑部负责对信息进行汇总的定性市场调查模式，还采用了类似定点观测的考现学手法。对此我深表钦佩，于是跟增田通二先生谈起了此事，他很开心地说道："是我教给他们的 KJ 法。"

三浦：原来如此。

上野：我向来都是从多个角度来判断信息是否属实，所以不会完全相信当事人的说法（笑）。增田先生说他传授了 KJ 法，在被传授的一方看来，到底是不是这样呢？

三浦：我进入公司的时候，会议中倒是没有用过使用卡片的 KJ 法，不过用"茶纸"代替卡片的那种倒是做过几次，做法跟 KJ 法是一样的。您知道"茶纸"吗？

上野：是那种大张的模造纸（用化学纸浆抄制的一种西洋纸）吗？

三浦：不是，是印着"西武"字样的西武百货的包装纸。

上野：为什么叫"茶纸"呢？我们都用"模造纸""原张大纸"这样的叫法。

三浦：西武的包装纸是茶色的，公司里放了很多这种纸，所以大家就称其为"茶纸"了。

上野： 原来是将总公司的包装纸挪用了啊（笑）。

三浦： 广告代理店一般都是采用所谓 KJ 法的方式，大家一起头脑风暴，想到什么就写下来，然后摆放到桌子上。可是在我们 *ACROSS*，通常是将一个榻榻米（约 1.62 平方米）大的茶纸贴在房间的墙上，然后在上面写下各自的想法。因此大家不得不总是盯着墙看。增田先生经常说："如果是卡片的话，大家就会总是低着头看，张贴茶纸就可以让大家朝上看，随时发表意见，这样容易迸发出灵感。"另外，PARCO 的所有部门开会时都是将议题写在茶纸上共同讨论，这俨然成为会议的惯例了。最后汇总茶纸上写的信息，并向增田社长进行汇报。这是 PARCO 的会议模式。

上野： 追溯源头的话，这种模式始于京都学派的信息产出技法。我过去也被动学习了 KJ 法和京大式的卡片法[161]，所以我一直运用这种手法。现在技术日新月异，比如白板上写的内容直接可以打印出来，再比如出现了更为方便的便利贴，但信息处理的根本模式并没有改变。OHP（投影仪）和 PPT 刚出现的时候，我心里想：也不过如此，这不是跟以前自己手动做的一样嘛。

三浦： 不过我并没有被直接灌输 KJ 法，我进入公司的时候，公司就已经在使用这种方法了，所以我感觉自己是学习了 PARCO 方式，或者说 *ACROSS* 方式。

上野：只要拥有这项技术，不管是什么样的人才，都可以向外输出一定水平的信息了。

三浦：没错。

上野：每一期的 *ACROSS* 都保持着这种高水准的信息输出，可以说相当了不起了。

三浦：您过奖了，那样的工作，我再也做不了了（笑）。

上野：在京都订阅 *ACROSS* 的时候，我听说这个杂志的编辑部不断招收新人，而且多为女性，过了几年这些人又会离职。如此循环，所以新老更替的周期非常短。

三浦：您真是什么都知道（笑）。

上野：所以这些新人自发地成了信息生产的中坚力量。而且编辑部的人员在短时间内更新换代，也就是说这些人才就算江郎才尽，因为信息处理的标准模式还在正常运转，所以杂志能够一直输出高质量的市场信息。这意味着虽然写手在不断更替，但面对瞬息万变的市场，信息的生产水准却没有降低，这真的让我佩服不已。

三浦：一般这类确保信息质量的工作由我的老板和我的前辈或者是我来做。分派到 *ACROSS* 的人工作都很辛苦，所以平均来说就两三年内他们就会离职。

上野：给人感觉的是，就像做剪报一样，掌握着信息的人才跟剪报一起被"裁掉"了。

三浦：所以那些被"裁掉"的人肯定是对我怀恨在心的（笑）。但是我的实际感受是，把人压榨使唤三年后就"裁掉"，是做不出好的方案的。

上野：而且那是个瞬息万变的年代，不断有新的市场信息出现。尽管如此，信息输出还能一直保持质量，真的很不简单。对于潮流猎手来说，三年就是最高限度了吧？

三浦：是的，我想三年就是极限了。到大街上采访路人，写*ACROSS*的稿子就好像进行自我精神分析，这项工作需要不断挖掘自己的潜意识，所以很容易疲倦。

上野：离职的人是出于什么理由呢？会因为被工作搞得身心俱疲吗？

三浦：新来的员工并非都喜欢这项工作，而且我的老板是个特别啰唆的人（笑）。

上野：是不是每个细节都要确认的那种？

三浦：那倒也不是，他喜欢把自己的思想强加给别人。关于稿子，他虽然不提什么要求，但是会强加自己的思想，因为他原来是搞学生运动的。所以我曾经经常向前辈发牢骚说"我被主编从肛门灌入了思想"，打的这个比方有点低俗（笑）。有人觉得这样被灌输思想很有快感，但很多人是觉得不舒服的。

上野：在读*ACROSS*的时候，我从字里行间里感受到编辑都是非常快乐地做这个工作的。

三浦：根本不快乐，很痛苦。这些人都是苦中作乐的受虐狂（笑）。方案定不下来的时候，真的压得人喘不过气来。

上野：您自己是怎样的呢？

三浦：我也是痛苦远超快乐。就算是相声演员在想搞笑段子的时候也会是非常郁闷、抓狂的吧。不过，我认为自己还是非常适合这份工作的（笑）。好的方案和关键词搞定后，就很有成就感，也很充实。不过我并没有觉得快乐。

上野：为什么呢？是因为压力太大吗？

三浦：怎么说呢，如果是自己一个人总包策划、写作的话还好，可一旦站在管理者的位置上，也会因团队中缺乏有策划能力和写作能力的人，而我必须把控杂志的整体质量，而变得很累。

上野：我明白。毕竟不像一般的杂志那样，编辑找作者约稿就行了。你们还必须对完成的稿子负责到底。

三浦：甚至有些人一开始的时候连字都写不好。

上野：而且，您也不能自己挑选人，对吧？

三浦：是的，因为不是自己招的人，真是一言难尽。

上野：*ACROSS* 创刊于 1977 年，在 1998 年发行最后一期后停刊。在长达 20 多年的持续发行期间，销量上有过大的变动吗？

三浦：这个杂志基本上是面向 PARCO 入驻店铺发行的，在我入职的 1982 年，店铺购买的数量差不多是 1000～1500 本，一般读者的订阅在 300 本左右，而书店的销量也不过是 200～300 本。

上野：读者都是哪些人呢？

三浦：在泡沫经济高速发展时期，仅仅电通广告公司一家就订阅了 80 本，另外，博报堂[162] 订了 50 本，还有三井不动产订阅了 30 本，差不多都是这些公司的一些部门订阅的。

上野：这么说，我是 300 个普通订阅读者中之一喽？太不可思议了。

三浦：是啊（笑）。

◎中途退出"PARCO 大学"的博士课程

上野：您是从哪一年开始担任 *ACROSS* 主编的，做了多长时间呢？

三浦：从 1986 年开始担任主编，一直做到 1990 年。虽然我在 1990 年 3 月从 PARCO 辞职，但 *ACROSS* 杂志却一直延续至 1998 年。

上野：辞职的理由是什么？

三浦：我在 PARCO 干了八年，其中有四年担任了 *ACROSS* 的主编，但其实我在坐上主编的位子之前就已经是编辑部的中流砥柱了，好多策划都是我亲自做的，所以实际上承担主编的职能加起来有六年左右了，其间我做的杂志有六七十期，我已经使出全部的看家本领了。

上野：在您负责杂志主编工作的六年中，每个月的期刊始终维持同样水准，真的很了不起。

三浦：我曾经做过以"餐饮业"为主题的专刊，做了三年左右之后，餐饮业发生了很大变化，这时就不得不重头策划了。但三年之后，我已经不知道该从哪里切入主题了，每次改动的时候都要推倒之前的方案重新来过。

上野：那时你大概正处于而立之年吧？听说杂志界有"主编三十五岁就退休"的说法，到了三十五岁就成为"被榨干的渣滓"了。

三浦：对，已经没有什么可做的了。就算知道要做一个专题，也想不出比三年前或六年前更好的创意了，完全没有灵感。

上野：您自己也感到已经到极限了吗？

三浦：感受到了。而且我也思考了一下，难道我要在吹捧"涩谷好棒"这条路上一直走下去吗？除了涩谷哪里也不去，并一直给它做宣传吗？终究还是感觉到了厌倦。这跟"井底之蛙"有什么区别呢？所以我想做点别的。要知道我在 *ACROSS* 的那几年，只坐过一次新干线。

上野：尽管如此也不会说辞就辞吧？还得考虑生活啊。

三浦： 但是，我在 *ACROSS* 做了这么久，也不可能再调到 PARCO 其他的部门，而且公司内部正在精简掉效益不好的部门。对于公司内的人事、政治我已经精疲力竭，心想干脆不干算了。

上野： 对公司来说当时的时机也正好合适吗？

三浦： 那时我最想写的报道是批判 PARCO 的文章。当时 PARCO 作为店铺已经不再具有吸引力，所以我特别想写一篇类似于"这样的 PARCO 怎么能行呢？"的报道（笑），但从立场上来说我是不能写的。

上野： 您下决心从 PARCO 辞职的时候，周围的人有没有挽留您呢？

三浦： 完全没有（笑）。不过我想如果那时没走，现在我已经是光头大叔了。因为当时已经开始秃顶了。

上野： 压力大导致的吗？

三浦： 是的。那时的我疑心特别重，脑子里总是有一种念头："是不是有人在算计我？""那个家伙行为有点古怪，不会是个间谍吧？"

上野： 那么您自立门户还真的非常明智呢。

三浦： 我特别讨厌听别人指挥。

上野： 那用人方面呢？

三浦：这方面也很差劲。我做主编的时候都是高高在上地指挥下面的人怎么做，而不是那种能把下属团结起来、平等地进行对话的那种领导。

上野：因为受过 KJ 法的训练，我自己也常向别人发号施令，所以很擅长做研讨会的指导者呢。不好意思有点自我吹嘘了（笑）。KJ 法是团队智慧的产物，换句话说，它是一种把超出个人能力的集体成果调动出来的技术，与个人的单枪匹马不同。在我没有正式工作的时候，我曾经做过 KJ 法实际操作的指导。现在有时也会去做。

三浦：这种让群体合作发挥作用的能力，我至今仍不具备，估计今后也不行（笑）。

上野：*ACROSS* 的技术其实与 KJ 法一样，就是发挥集体力量的产物。这是 *ACROSS* 的强项。所以我一直默认您拥有传递这一技巧的能力。

三浦：也许 *ACROSS* 并不像您说的那样是集体合作的产物。

上野：不会吧？

三浦：*ACROSS* 一年出 12 期，编辑部一共十二个人，虽然平均算起来每人做了一期，但接近一半都是我想出来的方案，另外，比如像加什么标题比较有意思这种细节我都会一一进行指点，感觉有一半以上都是我一个人做出来的。

上野：就像是您个人办的杂志了（笑）。

三浦：在小组成员看来，他们就像是我的左右手，我猜他们工作起来一定觉得很无聊吧。所以作为自己的非公开课题，我自立门户之后一直想搞一个试验，那就是，一个人一年可以做几期*ACROSS*出来。于是前年我出了一本《下流社会》，花了我几个月的时间，但我感觉相当于完整做了一期*ACROSS*。

上野：难道您是喜欢单干的类型？

三浦：我想是的。我不能像您那样传授别人 KJ 法，因为我并没有将自己的做法提炼成方法论。

上野：真是难以置信呢。通常来说，人是可以将自己的成长经验让其他人运用的。

三浦：经常有人问我："三浦先生，您是如何发现问题的切入点，又是怎么想出关键词的，能否教我一下方法呢？"但是我自己并没有意识到有什么方法。

上野：毕竟您在做主编之前一定被传授过技巧，当上主编之后，您站在了传授的一方，教导了一批又一批的新人，难道不是这样吗？

三浦：您说得没错（笑）。那种小技巧也许我是下意识学会的吧。从"肛门被灌入的思想"大概是无法通过大脑来理解的（笑）。总之，所谓的方法，不过是将信息从报纸上剪下来，做成剪报，并简洁地归纳一下，然后每个月进行头脑风暴而已。我的上司对我说："总结出一个简单易懂的技巧，把它教给下面的人。"所以我真的就是如法炮制地指导而已。

上野：的确如此。学问与艺术的区别，简单来说，就是学问"可以传授的知识"。因为学问有传授的可行性，以及传授的机制。学问的"学"即模仿，也就是说学问始于模仿，而艺术是无法模仿的。

三浦：从这个意义上来说，我做杂志不是在做一种学问，而是近似于"作诗"吧。所以我才没有意识到自己的方法是可以传授的。现在反省一下，自己当时是应该多传授一些经验给别人的（笑）。

上野：没想到会从您口中听到这样的话，很意外呢（笑）。

三浦：有人问我"下流社会"这个词是怎么想出来的。我完全是无意识的，并没有什么方法，因为这是来自上天的启示。所以在《下流社会》写好之后，我再次深切地觉得，这说明我真的凭借一己之力就把一期 ACROSS 给做出来了（笑）。书中有定点观测的方法，有人物采访，还做了几个专栏，总之做法跟杂志几乎一样，所以我不禁觉得这本书颇具 ACROSS 的风格。另外，我在小学的时候有一个爱好，就是做剪报，可以说我是一个不折不扣的剪报少年，所以对于做 ACROSS 丝毫没有不适应。只是之前也说过了，最开始的头脑风暴会让我有点困惑。也许是因为我早就在一个人进行头脑风暴了。虽然没有使用卡片，但是在头脑想象中就已经完成了 KJ 法那样的操作。

我现在还留着高中时代做的剪报，当时从报纸上剪下来的有"全地球目录""同润会[163]公寓"这样的新闻。同润会的那篇报道讲的是，当时日大（日本大学）建筑系的讲师望月照彦对同润会代官山公寓[164]做了一个调查，而我被分配到 *ACROSS* 编辑部之后，竟然发现望月曾经给 *ACROSS* 写过文章，真的是冥冥之中有什么把我们联系到了一起。

上野：是啊，的确。在市政工程学学者当中，对我影响最大的人就是他了。他曾写过《城市生态学城市的文化学》（创世纪，1977 年），还搞过"摆摊生态学"等现代学研究。后来他成了一名城市建设顾问。我的"选择缘"[165]就是受到他"知缘"[166]的启发。我曾经与他打过几次交道。

那么《巨大的迷途》这本书基本上是你一个做出来的吗？在 *ACROSS* 精选系列书中，我认为这本书是经典之作了。

三浦：那本书是将 1987 年的连载汇总后以书的形式呈现出来的，因为是多人参与的，所以那本书算合著了。您觉得好在哪里呢？

上野：有些人把参加"全共斗"的学生看作典型的"团块一代"，但是根据数据来看，参加"全共斗"的学生只是其中的一小部分而已。大多数"团块一代"都只是初中或高中毕业，这些人成年之后所处的社会环境就像您在书中所描述的那样。而且您是通过客观的数据证明了这一点，这是这本书的优势。

例如您在书中通过大量的数据，对从东京到千叶、埼玉一带首都圈的团块人口比率进行了极为翔实的分析，列出了大量的数据，很有说服力。即便数据本身并无创新，但是对这些数据的处理非常具有独创性。另外，您没有站在当事人的视角进行叙述，文章显得非常冷静理性。

三浦：关于您讲的最后一点，也有不少人这样说过（笑）。

上野：这种彻底的现实主义和旁观者视角的冷酷感我觉得很好。

三浦：因为我不是当事人，所以能够像凝视"物体"一样冷眼对待这一群体。

上野：这本书真的是经典之作了。

三浦：您这句话我铭记于心（笑）。

上野：这本《巨大的迷途》是合著，而《下流社会》是独著，所以您说的"凭借一己之力就把一期 *ACROSS* 给做出来了"，我理解是什么意思了。也就是说您在 *ACROSS* 编辑部时打磨出来的定性市场调查的方法派上了用场。在 *ACROSS* 之后，您还在哪里见过效仿这种定性调查方法的案例吗？

三浦：杂志或媒体应该不会使用这种方法吧。也许广告代理店内部一定程度上采用过一些同样的方法。毕竟这种方法实在是太耗时了，因此代理店在头脑风暴上花费的时间其实是非常少的。*ACROSS* 的话，制作 10 页内容就要耗费 50 小时以上，一般的代理店是不可能在一个企划上耗时这么久的。

上野：我倒是觉得这种方法是可以传授的。

三浦：虽然可以传授，但执行起来不太容易。比如出版社出一本书，通常是由编辑一个人先想出方案，再与作者一起反复沟通，进而推进工作。一般的杂志亦是如此。大家坐在一起出谋划策，然后头脑风暴，这种做法就算是影视行业也不太搞。而且影视行业搞企划都是把现成的杂志摆在眼前再思考方案，所以采用的已经是二手信息了。

上野： 这么看来，*ACROSS* 真的是前无古人后无来者的存在了。

三浦： 可以这么说吧，就采用这种做法来处理信息的杂志这个层面而言。

上野： 您之前说电通广告公司订阅了 80 本，而博报堂订阅了 50 本，这类订购期刊的读者，他们都从中获取什么信息呢？

三浦： 就是把 *ACROSS* 上面的文章复印出来，然后粘贴在企划书上（笑）。我从 PARCO 辞职，进入三菱综合研究所工作的时候，公司交代工作时给了我一份报告书，上面赫然贴着我在 *ACROSS* 时代画的一幅图，让我着实吓了一跳，我心想："自己到底进了一家怎样的公司啊？"（笑）

上野： 我也有过跟您差不多的经历。跟电通直接对接工作的时候，电通的人对我说："给您找个帮手吧。"所谓"找个帮手"就是把工作外包的意思。而外包的对象正是我所在的"迷你智库"。如果我答复他"好吧，那就拜托你了"，其结果就是这份差事绕了一大圈，最终还是会落到我手上（笑）。所以我当时的回答是："不用了。"还是我一个人做比较好（笑）。

三浦： 事实上很少有企业会基于市场的实际数据来独立做企

划。所以 *ACROSS* 的资料会被立马贴到企划书上，大概是被那些公司当作十分便利的材料来用的吧。

上野：也就是说，*ACROSS* 生产出来的数据虽然有人使用，但 *ACROSS* 在生产数据过程中所运用的技巧并没有得到传播是吗？

三浦：我觉得是这样的。就算有所传播，也不能在普通的企业中付诸实践。无论从成本还是思想上考虑，普通的企业都不会这么做的。他们会说："别不务正业了。"当然了，就算是 PARCO，也只是因为 *ACROSS* 的编辑部是社长增田通二先生的直属部门，才被允许这么做的。其他企业大概不清楚我们是怎么做出 *ACROSS* 的。

上野：在 *ACROSS* 工作的八年时间里，您在 PARCO 最大的收获是什么呢？

三浦：让我想想……首先是学会了认真观察"街上的行人"。多年的工作让我养成了这个习惯。

上野：不是在研究生院交学费学习，而是拿着薪水学习，而且还比在研究生院学到了更多的东西。是这么回事吧？

三浦：没错。多亏了 *ACROSS* 的工作经历让我到现在还能接到活。找我的人都说："您就是打造出那个 *ACROSS* 杂志的三浦吧？"可以说我现在的根基都是在 *ACROSS* 打下来的。我有幸接到了"郊区社会"和"团块一代"这两个课题的研究任务，现在这已经成为我毕生的事业了。从这个意义上说，我是在"PARCO 大学"读的博士课程，虽然中途退学了（笑）。

上野： 我现在也偶尔会开 KJ 法的讲习课，在解释 KJ 法的实际案例时，会使用 *ACROSS* 中的材料，用起来别提多方便了。我会以 *ACROSS* 的资料为素材，解释诸如"考现学""街头探险""街头观察学会"等都是怎么一回事。我会对大家说："KJ 法是一种处理信息的技术，而有一个杂志将这一技术付诸了实践。那么，下面我们就来说说 KJ 法。"

三浦： 我也想参加一次这种讲习课呢（笑）。

02

SAISON 集团和 PARCO

★ 是商业空间还是文化传播装置？

★ 雇用女性的先驱企业——SAISON 集团

★ 榜样是增田通二

★ 不要注视裸体，要成为裸体之身

◎是商业空间还是文化传播装置？

上野： 您于 1990 年从 PACRCO 辞职时，正好是泡沫经济的高速发展时期吧？

三浦： 是的，但是 PACRCO 的辉煌时代是在 20 世纪 70 年代到 80 年代初期。那时 PACRCO 有广告插图画家山口晴美，广告稿撰写人小池一子，以及作为艺术总监的石冈瑛子这些人。

上野： 是的。PARCO 业绩最好的时候是 1979 年吧。

三浦： 您说的是涩谷 PARCO 一期的销售业绩吧。毕竟泡沫经济没有给 PARCO 带来任何的好处。在那个时期，大家都去国外买货真价实的蒂芙尼（Tiffany）和路易威登什么的，没人愿意在 PARCO 买钻石饰品。而且，公司员工的奖金也没有提高。那时候就我开始觉得 PARCO 逐渐在走下坡路了。

上野： 那个时期出现了很多模仿 PARCO 的企业，它们都与 PARCO 互相竞争，形成了多家公司在争夺市场的局面，这也是一个原因吧？

三浦： 没错。20 世纪 80 年代后半段出现了不少经营形态与 PARCO 类似的商家，比如"LAFORET"[167] 的店铺就非常有趣，还有比如"VIVRE"[168] 也出现了。

上野： 当时我在做关于 SAISON 的研究。因为西武是后来出现的百货商店，所以我为了对比，调查了其他老牌百货商店，还做了一些采访。在调查的过程中，我深切体会到 20 世纪 80 年代后半段真的是很反常的时代，流通行业无论是否努力经营，销售业绩都只涨不降。

三浦： 怎么说呢，因为在那个时代，不管什么东西，只要要价高都能卖出去。

上野： 在经济形势大好的时候，企业是否用心经营，其结果没有什么差别，而这种经营态度所带来的恶果，是在经济转为不景气之后才出现的。在那个泡沫经济的时代，无论经营者多么无能，商品都不愁卖。

三浦： 首都圈的每个百货商场都引进了国际大牌商品，曾经光顾 PARCO 的那些人都跑到其他商场去了。池袋的西武店，业绩最高的时候销售额曾经达到四千亿日元。由于 PARCO 不卖这些大牌商品，所以顾客越来越少了。

上野： 在那个大家消费热情高涨的时代，PARCO 却有些不起眼了。

三浦： 那个时候，我曾经站在涩谷的公园大道的坡下，望着坡上的 PARCO，反而感觉松了一口气。但我不由得想："看着 PACRCO 竟然松了一口气，这不太妙吧？"因为我觉得 PARCO 竟会沦为让人放心的对象，说明其魅力大打折扣了。那时我的脑中闪过了这样一种念头：自己是因为想做些标新立异的事，才到 PARCO 就职的，但如今 PARCO 让我感到安心，这可太不妙了。

上野： 也就是说 PARCO 被其他商家模仿，到处都出现了类似 PARCO 的商场，而正版却失去了新意。

三浦： 如果是以公司为家的人，一定会竭尽全力让 PARCO 重振雄风，而我不是那种工作狂人，所以完全没想过让 PARCO 重现往日的辉煌（笑）。

上野： 作为零售业的企业是这样的状况，那么 PARCO 的文化活动和出版部门有没有受到泡沫经济的影响呢？

三浦： 对于其他部门的预算管控更加严格了。因为 PARCO 在 1987 年成了上市公司。PARCO 采取的招租店铺的模式保证了其在租赁业务方面基本上没有太大的实际损失，所以银行还是愿意贷款的。可是，PARCO 的母公司西武百货却长期亏损，银行自然不愿贷款，因此 SAISON 集团的经营者们才想出来让PARCO 上市的办法。然而公司一旦上市，就会受到非常严格的法规限制，不得不整顿体制搞股份公司那一套，因此多了各种束缚。在公司上市之前，员工经常深夜加完班去喝一杯，然后打车回家都没有问题，但是上市之后被要求不能加班，不能随便打车，不能出版卖不出去的书，PARCO 进入了一个在创造文化资产方面充满矛盾的时代。

上野： PARCO 逐渐变成"随处可见的公司"了。

三浦： 没错，那种随处可见的上市公司（笑）。

上野： 您见证了涩谷和 PARCO 的发展历程，而社会学者也有着他们的"PARCO"观[169]，比如吉见俊哉[170]和北田晓大认为涩谷和 PARCO 代表了 20 世纪 80 年代消费社会的历史。而您在《"自由的时代"中"不安的自己"》一书中，指出他们的看法是错误的，您在书中写道："PARCO 的风格是一种 20 世纪 60 年代的风格，是'全共斗'式的。"

三浦： 是这样的。

上野： PARCO 的领军人物增田通二先生的思想属于 20 世纪 60年代之前的那代人——也就是废墟一代[171]的想法吧。

三浦： 可以这么说。增田先生出生于 1926 年，也就是大正十五年，所以他受到了"大正新潮"的影响。1952 年，"血色五一"[172]发生的时候，他在东京都立第五商科高中任教，他同情那些工人阶级。所以他自然应该也受到了"1960 年安保运动"的影响。

上野：您是说增田先生思想的雏形在"1960 年安保运动"之前就已经产生了吗？

三浦：我想是的。从大正新潮开始，到发动战争和战败，再到民主化，他的思想是在这一连串的历史潮流中不断形成的吧。

上野：如果从 PARCO 举办的文化活动中追溯增田的思想，可以看出他偏好前卫的、无序的东西，有左翼的倾向。这样一来，被 PARCO 这个商业空间所吸引的消费者人群和被它举办的文化活动吸引而来的群体，不是完全没有交集吗？

三浦：是的，两者不是同一群体。

上野：当时来 PARCO 剧场（旧西武剧场）看天堂剧场[173]和状况剧场[174]等剧团演戏的人，即使中途经过商场也不会驻足停留而是径直离开吧？只是因为那个剧场在 PARCO 里面所以才来的，来的目的并不是到 PARCO 购物。办剧场说是为了促销，而实际上却根本没有起到促销的作用。

三浦：因为我没有负责过店铺经营的工作，所以对于增田先生是如何看待来店铺购物的女性的，我也不太清楚，不过增田先生曾经这样说过："那种照着 *Hanako* 杂志来购物的人都是没有脑子的。"然而他口中的"没有脑子"的人却是会来 PARCO 买东西的（笑）。这就好像那个悖论，三得利公司不是为了卖酒才打广告，而是为了打广告才卖酒的。对于增田先生来说，因为想搞剧场，所以才招揽 *Hanako* 的女白领读者来消费，从而达到用赚到的钱办剧场的目的，这有点本末倒置的意味。

上野： 他是为了自身兴趣而利用了消费者？

三浦： 这个我不好说，但是我觉得他喜欢的不是服饰，而是戏剧，他是为了办剧场才开了 PARCO 这家店的。虽然他也喜欢服饰，但我猜测他更偏好前卫一点的时装设计师，比如川久保玲[175]以及三宅一生[176]等。因为他不喜欢保守的女白领的服装造型，他更欣赏坚强的女性和爱好挑战的女性，比如像您这样的（笑）。

上野： 当说到"PARCO 风格"的时候，脑中浮现的可能是剧场、广告、出版这些文化信息传播的企业形态，也可能是供消费者购物的商业空间，人们会产生完全不同的印象。

三浦： 是这样的。即便将其看作商业空间，PARCO 的老顾客也能感受到它在 1982 年以后的日渐衰退。PARCO 和公园大道以及涩谷开始出现在媒体中是 1986 年以后的事。那时候摄像机已经便携化了，所以一旦需要采访，就会立刻去涩谷的中心地带。

上野： 而且 NHK 电视台也离得很近。

三浦： 是的。在那之前 PARCO 还真的只是地方性商业设施，听说涩谷的 PARCO 是年轻人聚集的场所，很多人都表示惊讶。

上野：这真是一个有趣的现象。按照您的分析，当时日本经济处于泡沫经济史无前例的繁荣期，人们沉浸在"日本第一"[177]的甜言蜜语中，很多大型零售资本无须努力经营就能创造不错的业绩。在这样的环境下，作为引领潮流的企业，PARCO 反而在走下坡路。难怪您会批判吉见俊哉和北田晓大两人的观点，是因为他们的"涩谷观"和"PARCO 观"搞错了时代，是这样吗？

三浦：不过那个批判有些略显低级，在《下流社会》中我批评了宫台真司的观点，虽然略显低级但反响不错，所以又故技重施了（笑）。

上野：原来是这样啊，我好像记得大泽真幸[178]也曾经在哪本书里说过，您针对宫台的批判过于低俗。

三浦：大众都喜欢看这种低俗的批判，所以我就选择投其所好，对吉见和北田的批判确实有一半是低俗的。但我想说的是，既然他们要写 20 世纪 80 年代的涩谷，那么至少应该事先采访下了解实情的人吧。

◎雇用女性的先驱企业——SAISON 集团

上野：1987 年的时候，我在做关于 SAISON 集团 25 年历史的工作，当我采访到几位人事负责人的时候，他们都说来应聘的学生质量不如以前了，大部分学生都想着："进了西武就可以过稳定的生活了。"他们怀着"大树底下好乘凉"的心态，摆出一副不思进取的姿态，这也让人事部门很苦恼。

三浦：可以理解。

上野：整个消费社会都处于上升期的时候，我感觉到处都是西武百货式的企业，西武的营业模式逐渐大众化。在 20 世纪 70 年代后期到 80 年代初期，西武百货在企业经营、人事政策、信息输出，以及企业形态等所有方面都在与时俱进，一直走在时代前沿。在动笔之前，SAISON 集团想让我写的是关于营销战略方面的内容，但是我自己想做的是该集团的人事战略，尤其是女性雇佣政策这一块。所以我就提出希望从用人战略开始做起。我之所以想做这方面的研究，是因为当时没有一家企业能像 SAISON 一样如此擅长使用女性员工。

　　这一时期，巨大的零售业资本市场中女性的工作岗位到处都是，因此企业积极开展措施把女性培养为有战斗力的员工，整个劳动力市场也在思考如何改变女性劳动力的 M 型模式[179]。以前百货商场的员工结构，大都是高中毕业的女性和大学毕业的男性组合，女员工不会被长期雇用，男员工则会顺理成章地晋升为管理层。但自从"强大的女性消费者"群体出现之后，女性无论是作为消费者还是从业人员，都有了极大的吸引力，经营者不得不思考如何才能获取大量的女性消费者和女性员工。早在 1985 年的《男女雇佣机会平等法》出台之前，SAISON 集团就率先开始录用大学毕业的女性员工，并让在一线工作的女员工可以晋升为中间管理层，同时引入了女性在育儿期结束之后可以重返职场的制度。而且最先利用劳动力市场弹性化政策[180]的，也是 SAISON 集团。

三浦：毕竟当时积极录用女性大学毕业生的公司就只有

SAISON 集团和索尼公司了。同属 SAISON 集团的 PARCO 在用人上基本是男女平等的。所以当我还在 *ACROSS* 编辑部的时候，就有女职员曾经说过，自己就是因为 PARCO 的用人制度才选择到这里就职的。

上野：我在采访山口晴美的时候，她说开始想去高岛屋[181]就职的，但是那里不招收大学毕业的女性，在她一筹莫展的时候，增田通二先生跟人事打了招呼，她便作为特聘人员进了西武的宣传部工作。那个年代，大学毕业的女性在普通企业里没有用武之地。跟我年龄差不多的女性当中，甚至有些人明明是大学毕业的，却只能谎称自己是高中毕业才能找到工作。从这点来说，为女性提供工作岗位的大型零售业、保险业以及美容业的变化是非常快的。尤其是 SAISON 集团内部，用人政策的转变之快，让人眼花缭乱。

因此，在 1985 年的《男女雇佣机会平等法》出台的时候，我一点也没有觉得震惊，也不认为这个法律可以改变劳动力市场的现状。劳动力市场的变化在平等法出台之前就已经发生，法律只是事后承认了这一变化而已。自 90 年代日本经济进入低迷期之后，劳动者的雇佣越来越弹性化，但这也不是突然发生的变化。日本经济团体联合会开始提倡让小时工成为主要劳动力是在 90 年代，真的是事后诸葛亮的感觉。

三浦：的确，那时 PARCO 也很擅长任用女性员工。

上野：我之前说的西武擅长任用女性员工，并不是指公司将女性与男性一视同仁地对待，而是擅长激发出女性的潜能，直到榨干其价值为止（笑）。因为相比其他公司，这里女性职员的工龄并没有显得特别长。

三浦： 不过在 PARCO 这家公司，女性员工尤其有干劲。

上野： 这种出现于经济增长时期的企业通常吸引的都是第二优秀的男性，因为第一优秀的男性都倾向于选择从政，而优秀女性因为无处可去，所以 PARCO 能招到第一优秀的女性。我这样说也许不太礼貌，PARCO 就有点像上智大学[182]的感觉（笑）。那么进入 PARCO 就职的这类女性后来都怎么样了呢？现在还在工作吗？

三浦： 很多人到现在依然在工作，当然有的人是一边带孩子一边上班。几乎没有人做专职主妇。

上野： 她们是不是经常跳槽？比如把 PARCO 作为一个跳板，后来另谋高就了？

三浦： 是的，跳到各行各业的人都有。比如有一个跳槽到位于六本木的东京君悦酒店礼宾部的女性，她就是跟我同一年进 PARCO 的。其他人的话，有人成了料理杂志和美国文学杂志的主编，还有人在青山开了一家旧书店，也有人当了舞台剧制片人，大家都在拼命努力着。

上野： 这么说来，除了您以外，PARCO 还培养了很多人才啊。

三浦： 我想很多人是带着美好的回忆从 PACRCO 离开的。

上野： 有点像 Recruit[183] 呢。

三浦： 不过，Recruit 公司有它的商业模式，在 Recruit 工作过的人学会了这种模式之后辞职的情况比较多见，但是学会什么商业模式或做生意的方法之后离开 PARCO 的人我觉得很少。现在来 PARCO 面试的，就算是学生，也是抱着从丸井百货和 PARCO 两家中选一个就职的想法，这在我找工作那会儿是完全无法想象的。

上野： 确实，那个时候这两家并没有可比性。

三浦： 实际上，日本经济新闻曾经做过一个调查，对于"您喜欢的百货商场是哪一家"这一问题，回答"丸井"的人最多，其次是"吉之岛"。偏远地区的人甚至以为是"永旺的吉之岛"而不会说是"SAISON 的 PARCO"（笑）。在 20 世纪 80 年代末就已经出现了这种时代变化的迹象了。

◎榜样是增田通二

上野： 您是如何看待增田通二先生这个人的呢？

三浦： 我第一次见到增田先生是在参加 PARCO 最后一轮面试的时候。那时他对我说："你的父母是教师吧？那就不会干坏事了。"

上野： 嚯！

三浦： 后来，我入职之后才知道，增田先生的父亲虽然是一名画家，但同时还做过教师。大概是因为这个他才对我说那样的话吧，他一定是想："这个小伙子跟我自己一样都是教育工作者的儿子，应该不会做什么坏事吧。"

　　实际上，我出身于艺术世家，母亲家里的亲戚大多是搞音乐的，父亲那边则是建筑方面的，因此周围的亲戚不是指挥家、钢琴家就是画家甚至是建筑师，但唯独我没有艺术天分（笑），所以才走上了社会学这条莫名其妙的路。

上野：您说的也对，没有才华的人才会去做社会学，有才华的话就去读艺术了，智商再高一些则会去读法律系（笑）。

三浦：因此，在我们家里，即使把所有亲戚都召集起来，大家谈论的也都是脱离现实的话题，没有一个人会聊关于如何赚钱、是否盈利、有多少利益什么的话题。总之，在搞艺术的人身上看不到现实的人间烟火味。但是，当我考入一桥大学之后发现，刚上大一的学生都在谈论如何才能找到一家一辈子都可以拿着高薪的公司。

上野：一桥大学确实给人一种这样的印象。

三浦：在一桥，这种学生真的存在，我因此受到了很大的一桥文化冲击。以至于后来我有一个大学同学入职的公司倒闭时，我居然真的有点幸灾乐祸的感觉（笑）。

上野：我认识一个人，他以前经常说要去长银（日本长期信用银行），因为觉得在那里一辈子可以拿最高的年薪。后来长银破产时，我内心的想法跟您一样：这下倒霉了吧？（笑）话说回来，您在家族当中是个比较特别的存在咯？

三浦：也许是的，不过也有可能只是因为我小时候不知道以后要做什么。而后来我进入了一桥大学，更是觉得自己无法成为一般的上班族。因为我发现周围的同学都是打生下来那一天起，就是为了被培养成为上班族的。无论从哪个方面看，自己都不适合做一个上班族，就算勉强走这条路，大概也不会得到晋升。

上野：所以您毕业时才没考虑进金融公司或去工厂吗？

三浦：对于我来说没有这个选项。因为观察我周围的学生，多半是从大一开始就戴着银框眼镜，衬衫的扣子紧扣到领口，每天读着《日本经济新闻》，在为将来做着打算。而像我这样派不上用场的人也想找到一个容身之处，最终发现 PARCO 比较适合自己。我想毕竟自己出生在有文艺气氛的家庭，所以还是做文化方面的工作吧。

上野：这种家庭环境对您产生了哪些影响呢？

三浦：我的伯父是画家，跟增田先生年龄相仿。我父母都是中学教师，白天都要去上班，所以放学之后我就会去伯父家里，因为奶奶是与伯父一起生活的。伯父的画室总是散发着油彩的香味，我很喜欢那里。虽然他还兼任新潟大学的教授，但还是有大把的空闲时间。因为从他家到学校步行只需要 10 分钟，所以他总是散步去学校上课，然后散步回来吃午饭。下午没有课的时候，就在院子里整整池塘，给桃树剪剪树枝什么的，总之就是闲云野鹤一般（笑）。

所以我父亲经常说："做大学老师真好啊！"我从小听着这句话长大，所以曾经也想过"我也要过像伯父那样的生活，能够做自己喜欢的事，中午下了班可以回家吃午饭，空闲的时候就在院子里整整池塘……"因此我没有想过像父亲那样当一名中学教师。增田先生与我的伯父年龄也差不多，也许我从增田先生身上看到了伯父的影子吧。

上野：您伯父的生活方式类似高等游民，或者说是波希米亚风[184]吧。而增田先生为了成功实践其文化活动利用了女性的消费能力。虽说举办文化活动可以促进销售，但由于收益是不透明的，所以不用考虑性价比。在有经济头脑的人看来，这种行为就是一种浪费。他身为经营者在创造效益方面也很有本领，所以您才不需要在营销方面进行辅助吧。

三浦：没错，公司大概也认为我没有那方面的才能吧。当然，公司里有很多比我更适合做营销的人才。公司方面大概是考虑："他父母是当教师的，看着不像是性格阴暗、会做坏事的人，就让他踏踏实实地研究市场吧。"

上野：增田先生既有文化制作人的一面，还有着身为经营者的一面？

三浦：但是我还在 *ACROSS* 编辑部的时候，几乎没有感受到他作为经营者的一面。因为他从来不会说"这个方案不错，可是赚不了几个钱吧"这样的话。

上野：一次也没有过？

三浦：他的关注点只在于是否有趣。首先他不会说"这样不赚钱，还是不能采用"这样的话。而且也不会说"这样做的话没有利润吧""成本价是多少钱?"反倒是经常会搞那种印得越多赔得越多的图书项目(笑)。

上野: 但是作为经营者,增田先生有本事使濒临破产的"丸物"(PAROCO 的前身)重获新生。

三浦: 没错。但得益于增田先生身上的文化气质,我们在他手下工作,无须学习怎样做才能创造更多效益,没有人想深究在一线创作与追求利润这两者之间是否存在矛盾。但是,1987 年公司上市之后发生了很大改变,他也不得不开始考虑利润的问题,有时会要求我们把销售额再提高一些。这样做想必他也很痛苦吧。怎么说呢,他就是那种超脱现实的类型,每天想的无非是作作画,睡个午觉,打理打理庭院。从这个意义来说,增田先生给人一种平易近人的"邻家大叔"的感觉,我们这些人因此能一直像没有步入社会的学生一样,不用考虑太多。

上野: 对于您来说增田先生就是榜样吧?

三浦: 是的,虽然将来我没有创业的打算,但我很想独自开一家 PARCO。与增田先生不同,我对专卖店经营和戏剧都不感兴趣,但我想开一个像跳蚤市场那样的咖啡店,并在里面开设一个画廊什么的。

上野: 除了传媒生意,你还想做店铺生意?

三浦: 与其说是生意,不如说是兴趣(笑)。总之就是想制造出一个空间。那里有画廊,有书店,类似于"CAFÉ de

CRIÉ"那样，就很像画画的工作室。所以我在公司章程的经营范围里加入了"画廊经营"、"餐饮经营"以及"书店经营"的字样。

上野：看来您是动真格的啊。

三浦：以后有余力了，我想开一个写书、出版、销售都由自己做的一条龙的书店，书店里还要有画廊和咖啡厅，希望能营造出那样一个小小的空间。我在《下流社会》完成了"一个人的 *ACROSS*"，所以接下来想尝试搞一个"小型的PARCO"。

上野：您今后的目标中出现这么多 PARCO 时代曾经使用过的字眼，看来在 PARCO 的原生体验，至今还作为正面范例留在您的心里。在 PARCO 的那段时间，您一定很开心吧。

三浦：没错，我们有幸都只看到了好的一面。但实际上，在公司房地产部门工作的人当中，也有人抱怨过："很讨厌增田先生，他总是跟人唱反调。"（笑）

上野：增田先生的传记《开幕铃响了》（东京新闻出版局出版，2005 年）一书中也有我的撰文。在写的过程中回忆起 20 世纪 80 年代后半段的历史仍然觉得心惊。增田先生在 1987 年的时候就说过："消费者跟以往不同了""女性大不一样了"。他说这些话的时候，提到了前一年，也就是 1986 年发生的一件事。当时只有 18 岁的偶像歌手冈田有希子自杀了。冈田自杀的地点四谷三丁目成了女孩子们打卡的胜地，她们嘴里念叨着“原来就是这里啊！”并蜂拥而至。这成了一大社会现象。

增田先生敏锐地捕捉到了这个少女事件发生的背景，指出：“强势消费者的时代已经结束，接下来即将步入弱势消费群体的时代。”他对于形势的把握非常敏锐，让我很是佩服。所以 1991 年泡沫经济崩溃，很多企业都遭受了打击，而增田先生能够泰然处之。

三浦：如果把他的话看作一个预言的话，那么真是相当超前的预言了。不过增田通二这个名字，在 PARCO 圈外很少有人知道。现在还有人问我：“PARCO 的宣传都是堤清二[185]策划的吗？”

上野：增田先生的知名度这么低吗？

三浦：很低的。因为他很少出席政经界的活动。知道他的人也只有时尚圈的 PARCO 商户了。除此之外大概没人知道他吧。

上野：像经济团体联合会，经济同友会或企业老板们的聚会他也不到场吗？

三浦：这些聚会根本不在他考虑的范围之内。我记得有一次他去扶轮社[186]做完演讲回来说：他去演讲了，扶轮社的那些人，居然唱起了“扶——扶——扶轮社”的歌，像傻瓜一样（笑）。我认为出席经济界也就是实业家的聚会，根本不符合他的秉性吧。他总是说：“有空闲时间了的话，还不如画几幅画来得好呢。”

上野：这么看来，他很早就被推上 PARCO 会长的位置。从一线下来后，他开了个叫作"desk M"的私人事务所，其业务范围涉及各个领域。做着自己喜欢的事，对他来说也许是得偿所愿呢。原本从二战那会儿起他就是一个不迎合时势、喜欢特立独行"不务正业"的人。您现在做的事就像是一个人在经营着公司，也多才多艺，从这一点来看，也许是增田先生的翻版。您二位都是那种虽然喜欢"众乐乐"，但是也完全享受"独乐乐"的类型。

◎不要注视裸体，要成为裸体之身

上野：在总公司 SAISON 集团瓦解之后，PARCO 这个企业本身却一直没有陷入亏损。

三浦：它的表现真的出色，让人佩服。

上野：您预测到了 SAISON 集团会以那种方式解体吗？

三浦：我早有预感。因为我觉得堤清二这个人就是毁灭型的。

上野：但不管怎么说，这也不是他期望的结果吧？（笑）

三浦：也许就是故意的，他给我的印象就是如此。

上野：噢！您的看法很独到呢。

三浦：我猜测他并不想看到自己死后，或者说虽然还活着，但自己已经离开 SAISON 集团后，集团还存留在世上。

上野：从结果上来看，给人的感觉就是只有他一个人被逐出了 SAISON 集团。

三浦： 如果他悄无声息地离开也就算了，他却在走之前到处丢炸弹，感觉是要炸掉那些不想留下的东西，是在故意寻求毁灭。

上野： 难道是他自毁长城（笑）？您的观察真是透彻啊。

三浦： 我认为他还是有自我毁灭式想法的。

上野： 按照您的这种说法，很多事情都大概可以解释清楚了，但是堤清二本人因为经营不善被追究责任，并且个人资产也掏了不少出去。这种自暴自弃式的做法是不可能自身毫发无损的。

三浦： 本来他损失的那些钱也是之前他从 PARCO 的上市中赚来的，因为创业者利益[187]，他赚钱赚到盆满钵满（笑）。所以这对他来说根本不算什么。他自暴自弃时大概是这么想的："我已经尽我所能了，所以在最后把一切都毁掉也无所谓。"我能感觉到他身上有一股同归于尽式的冲动。

上野： 您的看法很有意思。听说最终是堤清二输给了辻井乔[188]？"文学"战胜了"经济"？这种说法很有趣，实际情况果真如此吗？

三浦： 会很有趣吗？对我来说没什么奇怪的。

上野： 所谓的法人，就是为了超越个人人格而创造出来的。

三浦： 在 SAISON 集团，堤清二的个人人格是凌驾于法人之上的。

上野： 从结果上看是这么回事。

三浦： 不仅是结果，我觉得一直是这样。

上野： 在局外人看来，只是堤清二一个人从他自己创立的公司中被轰走了。

三浦： 我觉得他是自己不想干了。我总感觉他有一种想法："我都走人了，还要留着法人做什么。"

上野： 他这是违反了法人资本主义[189]最基本的原理和原则呢。

三浦： 因为他是"贱民资本主义者"[190]啊（笑）。他觉得公司和法人都是自己的私有财产。

上野： 的确，不管是PARCO还是SAISON集团，从某种意义上讲，两者都像是以创业者个人的人格创造出来的作品。既然是基于人格的作品，那么它就是有寿命的，总有一天会随着创立者一起消亡。而法人则是阻止上述情况发生的机制，是人类孕育出的智慧。

三浦： 股份公司是现代最厉害的发明了。从这一点来说，堤清二是一个反现代主义者吧。他缺少借助这种现代价值观让公司延续下去的观念。"既然我都不在了，还留公司干什么？"我觉得他是这样想的。

上野： 不仅是因为这个，还有时代背景的缘故吧。进入20世纪 90 年代以后，在经济衰退的恶性循环之下，所有企业都开始走下坡路，零售业整体也一蹶不振。在这种形势下，如果说堤清二的失败不是失败，而是有意而为之的结果，那也太凑巧了。

三浦：他就是个思想犯。之所以这么说，是因为他那时那么疯狂地砸钱投资，注定是无法成功的啊（笑）。

上野：的确如此。所以才有人说他太鲁莽。不过在泡沫经济时期，像他这样不计后果进行投资的经营者也大有人在。而且直到泡沫经济瓦解前，这类人在投资上的失败一直没有被公之于众。失败的不仅仅是堤清二一个人，我不认为他预测到了时代的导向。

三浦：不过我觉得 DAIE（大荣）的中内功的失败与堤清二相比，性质完全不同。

上野：这样啊。

三浦：中内功不断扩大规模，并认为自己的梦想会成真。他一直担任超市的总经理，而超市的档次要在百货商场之下，因此最终他想做百货商场和时尚品牌店，但是结果并不理想，他的失败与堤清二并不相同。

上野：从历史发展来看，20 世纪 90 年代以后，在经济衰退的恶性循环之中，将事业扩张到房地产开发领域的堤清二最终遭遇市场的寒冬，落得一个一败涂地的下场。

三浦：公司的死期比其预计的要来得快。

上野：这就看怎么解释了，可以说是他个人的才能导致的，也可以说是历史的宏观因素造成的。

三浦：怎么说呢，他本来就想自毁，所以才造成了这种局面，或者说是他有意让这种事态发生的。

上野：您说堤清二是反现代主义者，但是在外面的人看来，SAISON 集团的事业发展路线完全是成长战略型的。而且它无时不刻都在考虑扩张，完全是现代意识的体现。

三浦：也许堤清二身体中会有另一个人格劝他不要这样做（笑）。

上野：实际上，SAISON 集团采取的是领先一步不断投资的扩张型战略，它的人事运作也全部是为配合这种战略而进行的。在通常情况下，在增长型企业中，人才培养是赶不上事业规模扩大的速度的，SAISON 也出现了同样的现象。1991 年，泡沫经济破灭以后，企业未雨绸缪，差距就体现出来了，从结果上来看，三越[191] 和高岛屋这种擅长防守的老店生存了下来。

三浦："如果出现了危机，怎样才能守住自己的公司？" SAISON 的很多员工从来没有想过这个问题。

上野：从外部来看，SAISON 的经营方式就是纯粹的扩张型现代主义风格。

三浦：在外人看来的确如此。但是如果身在内部，就会发现那只是一种自毁冲动，不是别的。

上野：从宏观上来说，这个过程与现代主义本身走向自我毁灭别无二致。

三浦：结果是迎来了共产主义的到来，堤清二心中乐开了花，难道是这样的结局？

上野：很遗憾，在日本，共产主义是不会到来的。相对于宏观调控和计划经济，市场经济更具优势，这一点已经得到证明了。

三浦：堤清二这个人对于这方面的事再清楚不过了。

上野：根据您的解释，SAISON 在宣传战略上是追随和模仿PARCO 的，虽然您没有明确地写出来，但是曾经这样说过吧？

三浦：在 1975 年，PARCO 已经在开展宣传活动，鼓励女性绽放自己，开展如题为"不要注视裸体，要成为裸体之身""就算模特也不仅仅靠脸"的宣传。

上野：也就是"寻找自我"。

三浦：增田通二和堤清二两人之间到底有多少交流，我们这些下面的人不得而知，但我想，堤清二在增田先生面前是有自卑感的。

上野：1980 年，池袋西武店翻新后重新开张，西武的宣传处于最黄金时期。开张的海报是赤裸的婴儿在水中游泳的画面，旁边配以"发现，全新的自己"的字样。这张海报极具视觉冲击效果，成了时代的一个象征符号。在此之前的西武的宣传战略多为生活方式的倡导，这种宣传传递的是单方面的启发性质的信息，即西武百货是信息的提供者，而消费者是接收者。不过话说回来，堤清二身上正好有那种煽动人心的特质，而教师出身的增田先生也有传授知识的意识。消费者在重新开张的西武中发现了"全新的自己"。这是一种以消费者个人为主体的想法，意味着"消费者不必与他人竞争，只要做自己就好了"，也暗示了之后的"寻找自我"。

三浦：那个广告真的不错。大概是堤清二自身的写照吧。虽然比 PARCO 的"不要注视裸体，要成为裸体之身"的广告晚了五年。

上野：西武的广告宣传的高峰在 1975 年到 1980 年之间。1979 年，西武推出了题为"女性的时代"的宣传活动。我从西武宣传部的人那儿打听到，当时广告的最终决定版是堤会长亲自莅临宣传部拍板完成的。看来堤清二对宣传部的干预很深呢。

三浦：增田先生也是一样的。

上野：难道是堤清二学习了增田先生的做法？

三浦：这就不清楚了（笑）。他们二人都很喜欢视觉效果。但是从宣传广告的内容来看，PARCO 更领先一些吧。

上野：所以我在写关于 SAISON 集团的公司史系列之一——《SAISON 的想法》这本书的时候，给 PARCO 分配了很大的篇幅。在写 PARCO 这部分内容时，我起的标题是"PARCO——比西武更具西武风格"。在写的时候，因为我只观察到表面，一直以为两家是同属一个集团，后来我才了解两家公司和各自经营者的风格截然不同。不知道作为读者的堤清二看到我写的稿子会作何感想。从结论来说，令我最感到震撼的广告和企业，都不是来自 SAISON，而是来自 PARCO。

写在对谈之后
——背道而驰的人生

上野千鹤子

自三浦展先生的名字出现在媒体界时起，我就在关注他了。他有着超乎常人的"社会学的想象力"（"社会学的想象力"为美国社会学家赖特·米尔斯之语），作为营销专家，他具才气与斗志于一身。后来听说他曾经是 PARCO 出版社刊行的会员制市场调查杂志——ACROSS 的原主编，我十分惊讶。另外，《巨大的迷途——团块一代彷徨的历史与现在》虽然是以"月刊 ACROSS 编辑部编写"的名义出版的，其实相当于他一个人写出来的，当我得知这一点时，就更想惊呼了。原来他出自"名门"——ACROSS 编辑部，原来如此，怪不得如此厉害。

ACROSS 是市场调查类的月刊杂志，在 1977 年到 1998 年的 21 年里，总共发行了 287 期。因为是会员制订阅形式，一般的书店中不会见到它的影子，是一份只有行内人知道的小众杂志。从 70 年代后期开始直至 1998 年停刊为止，我一直是它的订阅会员。这份杂志读起来非常有意思，市面上跟它类似的杂志都很难与其相提并论。该杂志针对市场调查采取定性分析的方法，并将考现学以及民俗学等手法自如地运用其中，这使得其他类似杂志无法模仿，对于其每一期都能维持在同一水准这点我更是钦佩不已。当时流行的美国式的市场调查都是使用大型计算机（这也是刚传入日本的）进行数据统计，采取的是定量研究方法。那时，大型计算机的使用是按照每分钟多少钱来计费的。这种费事又费钱的定量手法的市场调查，尽管可以处理庞大的数据，但是获得的信息量并不多，而且分析的结果通常都是计算之前就已经预料好的。计算机的处理只是通过数据证明了之前的预测而已。大规模的市场调查企业具有可以借助大型计算机的优势，而人手和资金都没那么充足的小公司在信息获取数量上无法进行比拼，只能依靠质量取胜。ACROSS 采取的是不向外部作者约稿的方针，每一期的主题都是编辑部定好的，在进行定性的市场调查分析之后，将其结果刊登出来，每一期都保持在较高的水准。据我所知，这个编辑部只有几名成员，而且都很年轻，新老交替又快，新员工在很短的时间内就可以成为训练有素的信息传播者。我推测这个编辑部一定拥有某种技术秘诀，于是一直在密切关注着它的信息产出技法。

在 ACROSS 所打造的精选书系列中，《巨大的迷途》堪称杰作。这本书的主人公是那些从小城市来到东京打拼，最终散居到首都圈近郊——茨城、埼玉地区，在那里落脚并结婚生子的"团块一代"。书中运用了大量的实证数据，翔实地论证了他们的"漂流"生活。不仅论证的手法使我钦佩，作者将这些人的"迷途"称为"犹太人的流散"这个比喻用得更是高明，让我不由得拍案叫绝。这本书实际的作者是三浦展，他写的另一本书——《下流社会》更是成为畅销书。《下流社会》的主题是"团块二代"，可见从"团块一代"到"团块二代"，他与"团快"世代打交道的时间长达两代人。他一直在追踪着"团块一代"的人生历程，对于这位犀利的观察者，同属于"团块一代"的我时刻在关注着他的动向。

20 世纪 70 年代，我还只是一个无法自食其力的研究生，在京都的一家小型智库公司做兼职研究员。这个智库公司是以梅棹忠夫为首，川添登[192]、加藤秀俊等京都学派的学者共同入股创建的。这些学者发明的信息产出方法——KJ 法和京都大学卡片法在这里被运用得炉火纯青。之所以运用这样的技法，是想对抗大型的智库和市场调查公司，小规模的智库公司只能通过定性信息处理的手法，从而凸显自己的特色，否则在市场上无法生存。我就是在这里被动学习了京都学派的这项信息生产技法的。可以肯定地说，我在研究生院没有学到任何有用的东西。如果说我掌握了些许信息处理方面的技术，那也都是在这个智库做兼职时学到的。另外，也是在这里的经历让我彻底地懂得了一件事，那就是：产出的信息成果可以成为"商品"。

京都是个有趣的地方。我对于社会学这个自己选择的老本行无法产生兴趣，整天"不务正业"，经常出入现代风俗研究会——一个看上去有些古怪的团体。这个研究会是由桑原武夫创办的，核心人物有鹤见俊辅[193]和多田道太郎等人组成的跨学科研究小组，其成员来自各个领域，有内行有外行。大家都起哄说"何不搞点有意思的东西出来"，并且一个个都充满着好奇心。如永井良和[194]的《交际舞与日本人》（晶文社，1991年出版），熊谷真菜[195]的《章鱼丸子》[196]，这两部著作都来自这个研究小组。除了"现代风俗研究会"以外，我还参加了米山俊直[197]主办的"近卫圆舞曲"[198]，这是一个由人类学者组成的团体，在这里我近距离地接触到了非洲研究，以及关于猴子的研究。回溯起来，自己的成就均得益于京都学派这种自由阔达的、不分边界的宽松环境。

到了20世纪80年代后期，我被委托撰写SAISON集团的历史，于是开始走访跟SAISON有关联的人。我接下这份工作的时候向对方提出了两个条件，那就是，无论我想在哪里采访，无论我要采访谁，委托方都必须替我安排；另外，对于我写出来的内容不能进行任何审查。增田通二先生是我想采访的对象之一，我渴望与他一见，他是PARCO的传奇创业者，又是SAISON总帅堤清二的盟友兼竞争对手。之所以特别想见增田先生，是因为我被PARCO的宣传战略所吸引。在1987年，我如愿地见到了增田先生。但那之后不久他就离开了PARCO，在他走后的第二年，三浦展先生似乎是在追随他一样，也从PARCO离职并自立门户。

听了三浦先生的描述，曾经的职场和上司给他留下的似乎尽是美好的回忆。真让人羡慕。对于三浦先生来说，PARCO就是他的"学校"。这一点，我十分理解。而PARCO和增田先生则可以自豪地说：是他们培养了三浦先生这样的人才。

　　三十岁前的我一直过着自由打工者一般的生活，对未来没有任何规划。而就在我即将进入三十岁时，比我曾经打工的小型资讯公司还要小的超迷你智库公司挖我过去，他们想要马上能投入实战的人手，这对我来说是一个难得的机会。这也是我人生中唯一的一次"被挖"经历。我考虑了一个晚上，还是拒绝了对方的邀请，尽管那时的我生活很清苦。而我拒绝的理由是：忍受不了每天一大早起来从京都赶到大阪去上班。我真的没脸嘲笑现在的尼特族。

　　如果那时我离开了大学，也许会像三浦先生说的那样，之后在营销专家这条路上越走越远。抑或，如果我晚出生十年，那时民营企业已经开始招聘女大学生，也许我会进入企业努力工作。就像用排除法解题一样，因为无处可去，我才心不甘情不愿地读了研究生，之后走上了学术之路。而没有考研成功的三浦先生，反而之后作为营销专家功成名就。真的如三浦先生所言，我们选择的路正好是背道而驰的。

　　最终，他成了自学成才的社会学学者——并非仅仅在学校才能培养出社会学学者。即便与其他社会学学者相比，他也更具有超凡的"社会学的想象力"，凭这一点，他完全可以自称是一名社会学学者。不仅如此，他的存在已经开始让人担忧，学术领域之外出现这样的人才，那么大学将何以自处？

　　我认为我与三浦先生的会面冥冥之中自有缘分。而我要感谢同样是来自PARCO"增田学校"的毕业生——中村富贵先生，是他为我们创造了此次机缘。

2007 年早春

上野千鹤子

注

释

1. 花子世代：1959—1964 年之间出生的女性，因为她们是杂志 *Hanako* 的忠实读者，故此得名。该杂志创刊于1988 年，是面向年轻女性的资讯杂志。——译者注

2. 尼特族：NEET 的谐音，全称为"Not currently engaged in Employment, Education or Training"，指不升学、不就业、不进修或参加就业辅导，终日无所事事的族群，即啃老族。——译者注

3. 栗本慎一郎：（1941—）经济学家、评论家、政治家、健康食品开发者。——译者注

4. 山口昌男：（1931—2013）教育家、文化人类学者。——译者注

5. 电通广告公司：日本广告与传播企业，成立于 1901 年，总部位于东京，前身为 1901 年创立的"日本广告"和 1907 年创立的"日本电报通讯社"，1955 年正式更名为株式会社电通。——译者注

6. 蛯原友里：出生于日本宫崎县，模特、演员。2002 年 10 月，成为女性时装杂志 *CanCam* 的专属模特。其精致可爱的穿衣风格深受女性喜爱。——译者注

7. 下流社会：该词是三浦展在《下流社会》一书中使用的词语，"下流"并非指社会底层，而是指中产阶级的居下游者。他们的物质生活已经足够温饱甚至小康，但却在物质、精神等各方面失去了向上发展的动力，而甘于平庸。对人生缺乏热情，不喜欢与别人接触是"下流"人群的主要特征。——译者注

8. 团块：专指日本在1947年到1949年之间出生的一代人，是日本在二战后出现的第一次婴儿潮人口。在日本，"团块一代"被看作20世纪60年代中期推动经济腾飞的主力，是日本经济的脊梁。这一代人大都拥有坚实的经济基础，一直是最引人关注的消费群体。团块二代则是他们的下一代。——译者注

9. 宫台真司：（1959—）社会学家、电影评论家，现任东京都立大学教授。——译者注

10. 香山里佳：（1960—）精神科医生、评论家，北洋大学客座教授。——译者注

11. 内田树：（1950—）法国文学研究者、随笔家，神户女子学院大学名誉教授。——译者注

12. 金子胜：（1952—）经济学家，淑德大学大学院客座教授，庆应大学名誉教授。——译者注

13. 新保守主义化：英文是 neoconser-vative，特指美国原布什政权的保守主义势力。九一一事件爆发之后，随着政治、经济、外交、军事的全球化，经济合理化和竞争机制被引入日本经济中，导致日本的金融机构大量破产，进而加速了中小型企业的倒闭，致使大批失业者涌现。

14. 新自由主义：由英文 neoliberalism 而来，是一种以国家主导的"小政府""民营化""放宽限制"为目标的政治经济政策。其出发点是对抗"自由主义"和"社会民主主义"。在日本，以前的小泉（纯一郎）政府实行了该政策。

15. 渡边美智雄：（1923—1995年）政治家，因其昵称"小智"而受到国民的喜爱。但他曾经多次因出言不慎而引发争议。1988年，渡边在轻井泽市做演讲时这样说道：日本人一旦破产就会把问题看得很严重，要么夜里跑路，要么全家自杀。而习惯刷信用卡的美国人中有很多是黑人，在他们看来，一旦破产就意味着再也不需要付钱了，破产根本无所谓。他的这番言论虽然日本媒体没有大肆报道，但美国的《华盛顿邮报》就此事刊登了报道，文章称：三丽鸥（Sanrio）的卡通人物"sambo&hanna"以及崇光百货东京店中展示的黑人塑料模型都属于"种族歧视"。该报道登出后，渡边撤回了自己之前的发言，并进行道歉，然而事态并未因此而收场。此次渡边的因言遭祸事件也给经济大国日本敲响了警钟。

16. 少众、分众论：与"大众"的整齐划一相反，"少众""分众"是指小众的，有个性，多样化的。——译者注

17. 佐田智子：（1946—）朝日新闻社记者，编委。——译者注

18. 富永健一：（1931—2019）社会学者，东京大学名誉教授，曾获得"紫绶奖章""文化功劳者"等奖项。——译者注

19. 普查数据：通过对集体的构成单位进行整体调查，从而观察这个集体的规模及构成情况。原来是指对静态人口进行的实地调查，即国情调查。

20. 年龄效应：随着年龄的增加，个体的意识和行为模式会发生改变。与世代效应和时代效应一样，会影响统计的结果。——译者注

21. 资本收益（capital gain）：即资本所得，资产因价格变动而带来的利润。具体是指将商品、土地、股票、证券、公社债等卖出时，因价格的变动获得的收益。近年来主要指因投资对象的市场价格上升而获得的利润。与利息和红利收入等通过持有而获得的利润相反，资本收益是通过抛出资产而获得的收益。

22. 以房养老（reverse mortgage）：即反向抵押融资，指将住宅等不动产作为抵押，以获得退休后生活费的做法。如果房子的主人想卖掉房产，也可以进行资金的清算。东京都武藏野市于1981年率先在日本引入该制度，但是普及率并不高。数据显示，在过去的25年间，仅有101户家庭使用了以房养老。

23. 1993年，时任新生党代表干事的小泽一郎在《日本改造计划》（讲坛社）一书中，提倡"小政府""放宽限制"，而如今他却持与之前相反的方针。

24. 面临自由打工者多达200万人、年轻的失业及无业者多达100万人的状况，政府于2003年出台了一项就业支援政策。该政策作为"为了年轻人的独立和自我挑战"的行动计划，为20万名自由职业者提供了工作岗位。

25. 御宅：广义上是指热衷于各种亚文化，并对该文化有极度深入的了解的人；狭义上是指沉溺、热衷或博精于动画、漫画以及电子游戏的人。"御宅族"一词在日本已普遍为各界人士使用而趋于中性，其中也有以自己身为御宅族为傲的人。——译者注

26. 釜泡女：指穿衣风格自由、宽松、吊儿郎当、不性感的女性。——译者注

27. 埴轮装：女性在裙子里面再加穿裤装的打扮。因这种穿衣方式容易让人联想到日本古坟中的土俑"埴轮"，故而得名。——译者注

28. 20 世纪 90 年代以后，在城市里出现了随地而坐，并一起闲聊的年轻人。无论是在便利店的门口、有台阶的地方，还是车站内的空地，甚至在电车中，他们都能随地而坐。这些年轻人被称为"坐地族"。

29. 遥洋子：（出生年未公开—）作家、艺人、专栏作家。——译者注

30. 酒井顺子：（1966—）作家，代表作为《败犬的远吠》，该书使"败犬"一词成为流行词。——译者注

31. 中村兔：（1958—）作家，曾当过白领、广告文字策划。代表作为《购物女王》。——译者注

32. 牛郎：又称为男公关，日本的一种特色职业，专门服务寂寞的都市女性。——译者注

33. 1998 年左右出现在涩谷市中心的化着奇特妆容的辣妹。她们或将皮肤晒得黝黑，或通过棕色粉底打造成黝黑的肤色，并涂上银白色的眼影，把头发染成棕色或白色，再加以挑染。因为该形象与民间故事中的"山姥"相似，便被称为山姥辣妹。

34. "团块一代"追求的是与众不同的生活方式，但在 20 世纪 90 年代初，日本社会学家宫台真司提出了"岛宇宙"的概念，指的是由抱有共同价值观的人组成的一个个小型的社会圈子。他们有着共同的兴趣和知识储备，共享同一媒体，因此被称为同族"御

宅"，圈子与圈子之间相互隔离，缺乏联系。

35. 指衣着打扮保守且可爱的女性白领，她们的这种装扮深受男性喜欢。这种装扮源于走可爱路线的 CanCam 专属模特蛎原友里，后来引起女性的纷纷效仿。因为蛎原友里的爱称是"虾酱"，模仿她穿衣的女性白领便被称为"蛎原式（虾酱）女白领"。

36. 综合岗：日本的一种用工制度，也是一种职称。日本公司正式员工一般分为综合岗和一般岗。综合岗的员工必须服从公司要求，会随时被派遣到外地的分公司工作，有时是海外分公司。与综合岗相对的是一般岗，这类员工没有被派遣到外地的担忧，但是也没有任何的晋升机会，以普通劳动力和女性居多。——译者注

37. 小仓千加子：（1952—）心理学家、女性主义学者，主要著作有《嫁人，没那么难——结婚的条件》《不当剩女——结婚的才能》等。——译者注

38. "hyper gamy"：女性通过与高学历、高收入的男性结婚，从而得到一种更高水平的生活。

39. 动漫展会的简称。每年 8 月和 12 月在东京国际展览中心举行，届时同人志爱好者们将自己喜欢的同人志进行展示并当场售卖。展会规模庞大，每次可以吸引 40 万人前来参加。展示的对象除了漫画以外，还有动漫、游戏、服饰、饰品等，是一个多种类

亚文化的活动平台。

40. BL系：20世纪90年代中期开始流行起来的面向女性读者的男性同性恋漫画和小说。这类作品的主题多种多样，有校园、摇滚乐队、医生、科幻、悬疑等等。值得注意的是，"BL系"一词虽然由"boys"和"love"组合而成，但它与现实中的男同文化没有丝毫的联系。

41. YOI系：指喜欢读"BL系"作品的女性。因为这类漫画和小说的故事没有高潮（yama），没有包袱（ochi），没有意义（imi），从这三个词中分别取"ya""o""i"的大写字母，便成了YAOI。

42. 山田昌弘：（1957—）社会学家，中央大学文学部教授。"婚活""单身寄生虫"等流行词的创造者。主要著作有《少子社会》《希望格差社会》《婚活时代》《家庭难民》等。——译者注

43. 红线地带：二战后，在日本以卖淫为目的的特殊餐饮店集中的地带，因在警方的地图上用红线标示而得名。1957年因《防止卖淫法》的实施，"红线地带"被废除。——译者注

44. 援交：援助交际的缩略语，最初指少女为获得金钱而答应与男士约会。现在通常被定义为有偿约会和自由职业青少年参与性交易活动的行为。——译者注

45. 吉行淳之介的小说《直到黄昏》（新潮社，1978年）讲述了一个中年男性与年轻女性通过契约结为情人关系的故事。之后该故事引起热议，由此产生出"黄昏族"一词。当时还出现了中年男性与年轻女性组合的情侣，这成为一大社会现象。而且，组织卖淫的犯罪组织"黄昏族"也趁此机会出现。1983年，该组织因涉嫌组织卖淫罪而被警视厅摧毁。

46. 成城：地名，位于东京都世田谷区，是东京有名的高级住宅区。——译者注

47. 田园调布：包括东京都大田区和世田谷区的部分地区，是东京有名的高级住宅区。——译者注

48. CanCam：1982年1月起由小学馆发行的月刊女性时尚杂志。以20岁出头的女性为主要订阅者。——译者注

49. 聚类：指将调查对象或研究的所有样本基于不同变量分析时出现的一部分有相似性的群体。聚类分析的手法就是按照目的和指标对样本进行测定，并根据结果将这些样本划分为不同的群体。

50. 黑皮辣妹：20世纪90年代发源于东京涩谷、池袋的辣妹。她们拥有一身古铜色或小麦色的皮肤，并把头发染成金色或橘色，故得此称谓。后来还由此发展出了山姥辣妹。——译者注

51. 机能不全家庭：家庭中持续并经常存在冲突、不法行为，或发生针对家庭中部分成员的虐待事件，而其他的家庭成员对这些事件采取容忍的态度。——译者注

52. DV 是 domestic violence 的缩写，即家暴，指丈夫对妻子，或男友对女友的暴力行为。一般指家庭中丈夫对妻子进行的施暴行为。

53. 双职工双薪家庭：指一户家庭中，夫妻双方都有工作，均有收入来源。20 世纪 80 年代以后，双职工家庭增加，人们便开始使用"双职工双薪"一词指代这种家庭。近年来，夫妻收入的差距在不断缩小。

54. 经济五分阶层：按照年收入从低到高的顺序，将人口分为五个等级后，会得到五个不同的经济阶层群体。在家庭收支调查中，从相对性的角度对收入级别的分布进行区分时通常采用这种手法。

55. 圣子妈妈：指女歌手松田圣子，是 20 世纪 80 年代日本最有影响力的偶像女歌手之一，生下女儿后依然不改之前的可爱形象活跃在荧幕上，故被称为"圣子妈妈"。——译者注

56. 章鱼罐化：一种喜欢自我封闭，对他人和外界漠不关心的倾向。——译者注

57.《男女雇佣机会平等法》：1985 年，为了保证就业时女性与男性拥有平等的就业机会和薪资待遇而制定了该法律，并于 1986 年开始实施。但男女待遇的差距并没有因为该法律的实施而缩小，因此在 1999 年政府对该法案进行了大幅度修订。

58. 托斯丹·邦德·凡勃伦（Thorstein B.Veblen，1857—1929）：美国社会学家、经济学家。作为制度经济学的鼻祖，他善于用社会学、社会心理学理论对经济制度的进化进行剖析。在《有闲阶级论》（1899 年）一书中，他指出，在经济生活中，上流阶级为了炫耀因为属于更高级别的阶层所产生的优越感，他们会刻意挥霍自己的财富，这种行为叫作"炫耀性消费"。

59. 约翰·兰肖·奥斯丁（John Langshaw Austin，1911—1960）：英国哲学家。他将言语命名为"已完成的言语行为"。如人们说 "God bless you"，或 "I love you" 的时候，这些语言本身已经完成了内在的行为，他将这一理论著写在了《言语与行为》（1960 年）一书中。

60. 林真理子：（1954—）小说家，日本作家协会会员，现任日本大学理事长。——译者注

61. 涩谷 109 大厦：位于东京涩谷区，是东急购物中心开发株式会社所开设的时尚购物百货公司及企业品牌。"109"的名称来自"东急"的日语谐音，同时也是其营业时间（上午 10 点—下午 9 点）的代号，是涩谷地区标志性的商业建筑，也是日本流

行文化中心之一。——译者注

62. 表参道之丘：位于东京原宿，是在"同润会青山公寓"旧址上所进行的都市再开发计划，因位于东京著名景点之一的表参道而得名，由建筑师安藤忠雄设计。——译者注

63. 百円店：店内所有商品价格一律为 100 日元（部分商品除外）的商店。——译者注

64. NANA：漫画家矢泽爱于 Cookie 杂志 2000 年 7 月号起连载的漫画，讲述了两个名字同样读作"NANA"的少女的一系列故事。——译者注

65. 竹笋族：1979—1980 年，在东京原宿步行街出现的装束独特的年轻群体，为他们提供着装的店铺名称中含有"竹笋"二字，故此得名。——译者注

66. JJ：由光文社发行的月刊女性时装杂志，主要读者为女大学生。——译者注

67. 横滨银蝇：1979 年成立的摇滚乐队，以不良、暴走族为造型定位，曾在日本年轻人中颇有人气。——译者注

68. 矢泽永吉：摇滚歌手，在日本被称为"摇滚乐之父"，他使摇滚乐这种音乐形式在日本音乐界成为主流。——译者注

69. Benesse：总公司位于日本冈山市的企业，是日本最大的教育集团。其业务范围覆盖 70 多个国家。——译者注

70.《总裁 Family》：美国时代公司于 1963 年在日本创刊的首部《财富》海外合作版杂志。——译者注

71. 阿历克西·德·托克维尔（Alexis de Tocqueville，1805—1859）：法国历史学家、政治家。19 世纪初，他漂洋过海来到了新兴的民主主义国家——美利坚合众国，开始对美国的民主政治进行考察。经过几个月的考察，托克维尔看到，民主政治在统治人民的正统性上暗含着不稳定要素，而且会从结构上产生下层人民对统治阶级的愤恨（ressentiment），他将这一发现写在了《论美国的民主》（1835 年）一书当中。

72. 嫉恨（ressentiment）：意为怨恨、愤恨。指社会的弱者郁结于心的情感，并发展为愤怒和憎恶。

73. 北山晴一：（1944—）社会学家、历史学家，立教大学名誉教授。——译者注

74. 2005 年 10 月，两名年轻的北非裔移民在事故中死亡，由此引发了整个法国上下的抗议暴动。该暴动发生的背景是法国的二代和三代移民被歧视，以及国内的失业率居高不下。

75. 2001 年，宅间守闯入大阪教育大

学附属池田小学，杀害了八名儿童。宅间守认为自己一直遭社会歧视，出于对社会的憎恨和怨念，他拒绝向被害人家属道歉，并要求尽快被判死刑。2004 年，宅间守被判处死刑，不久后被执行。

76. 宫崎勤：连环杀人犯，1988 至 1989 年间，在东京和埼玉县共杀害四名幼女，2006 年 2 月被判处死刑。——译者注

77. 相对剥夺感：最早由美国学者 S. A. 斯托弗（S.A.Stouffer）提出，是指当人们将自己的处境与某种标准或某种参照物相比较而发现自己处于劣势时所产生的受剥夺感，这种感觉会产生消极情绪，可以表现为愤怒、怨恨或不满。——译者注

78. 和民：创立于 1986 年的餐饮企业，2004 年在深圳开业的店是首家在中国开张的海外店。——译者注

79. 英国病：指在二战结束后，英国经济出现的滞胀状态，而且这种状态持续了近三十年，被一些经济学家戏称为"英国病"。——译者注

80. 堀江贵文：活力门公司的前总经理，著有《赚钱入门：价值 100 亿的思考方法》等书。——译者注

81. 活力门公司：提供网络服务的股份有限公司，2005 年因试图收购富士电视台而名声大噪。——译者注

82. 日本政府在 1999 年颁布了《男女共同参画社会基本法》，其基本理念就是打造一个"男女可以共同参与各项事务的社会"。该理念旨在改变传统的"男性在外面上班，女性在家里做家务、带孩子"这一角色分担，以便打造一个无论男性还是女性都能发挥各自个性和能力的社会。但因为在日本以男性为中心的思想仍根深蒂固地存在，因此公开反对"男女共同参画"政策的大有人在，甚至还有一些组织借此煽风点火，加深了人们的不安。

83. 加里·斯坦利·贝克尔（Gary Stanley Becker，1930—2014）：诺贝尔经济学奖得主，美国经济学家，著有《人力资本》（1964 年）一书。在书中，贝克尔把人们通过学校教育和职场训练掌握的知识和技能称作人力资本投资，他还特别剖析了劳动力市场中存在的雇佣歧视以及家庭问题。

84. 生活最低标准：由英文 civil minimum 而来。这是在 1968 年"东京都中期计划"中首次使用的词语。它指的是地方政府必须实现的政策目标，即地方政府要确保人们可以享受符合当地实情的最低水准的福祉、医疗，以及城市生活环境。

85. GNP：全称为 Gross National Product，即国民生产总值。——译者注

86. 山下悦子：（1955—）学者、文

化评判家，研究领域为女性史。——
译者注

87. 大泽真理：（1953—）经济学家，
东京大学名誉教授。——译者注

88. 本田由纪：（1964—）教育学家，
其著作多关于教育和就业问题。——
译者注

89. 偏差值：日本人对于学生智能、
学力的一项计算公式值。——译者注

90.《AERA 周刊》：朝日新闻社
于 1988 年发行的周刊杂志。——译
者注

91. 废物联盟：在 1993 年成立的以探
索生存方式为目标的组织。一些无法
融入正常生活的年轻人承认自己什么
都干不了，便索性对自己的现状进行
肯定和接纳。他们声称：即使什么都
做不好，也要按照自己的方式活下去。
这个组织吸引了大批拥趸。

92. 伯特利之家：具有社会福祉法人
资格的精神病疗养院，旨在帮助患有
精神疾病的人能够独立生活。患有精
神疾病的人往往被社会排斥，为了让
他们与正常人一样生活，精神病患者
和专家一起创建了该机构，患者可以
在这里正常工作和生活。

93. 滨崎步：歌手、音乐人，曾三次
获得日本唱片年度总销售额冠军。日
本流行乐界中，她对偶像歌手的定义
的影响最为深远。在 21 世纪初，滨

崎步的着装和时尚品位是日本女高中
生争相效仿的对象。——译者注

94. 村上龙：（1962—）小说家、电
影导演。代表作为《无限近似于透明
的蓝》。——译者注

95. YAMAHA 音乐教室：三木乐器店
面向幼儿及小学生开设的音乐教室，
主要教钢琴和电子琴。——译者注

96. 基尼系数：衡量收入分配不平等
的指数。该系数的范围在 0 至 1 之间，
系数越接近 0 表示收入差距越小。相
反，系数越接近 1 表示收入差距越大。
当收入完全相等时，系数则为最小
值 0。

97. 菅直人：日本第 94 任首相，任
职期间为 2010 年 6 月—2011 年 9
月。——译者注

98. 堺屋太一：（1935—2019）日本
前政府官员兼作家、评论家、政治家
及内阁特别顾问。"团块世代"的命
名者。——译者注

99. 北田晓大：（1971—）社会学家，
现任东京大学教授，著有《广告都市
东京的诞生与消亡》。——译者注

100. 在 1970 年进行的安保斗争中，"共
产主义者同盟赤军派"与"京滨安保
共同斗争革命左派"合二为一，同时
取名为"联合赤军"，坚持走武装起
来闹革命的路线。1972 年，联合赤
军劫持了人质，他们以浅间山庄为据

点，与警察展开了激烈的枪战。浅间
山庄事件在电视上实时直播，获得了
极高的收视率。联合赤军的最高领导
人森恒夫和永田洋子在以椿名山为根
据地的地下活动指挥所进行军事训练
时，以"大总结和反省"的名义处死
了 12 名组织成员。该组织后来被查
出另外还杀害了 3 人，为此有 19 人
以杀人罪被起诉。

101. 大塚英志：（1958—）漫画家、
评论家、小说家、编辑，2012 年起
任国际日本文化研究中心教授。——
译者注

102. 山崎浩一：（1954—）专栏作
家。——译者注

103. 中森明夫：（1960—）专栏作家、
偶像文化评论家。"御宅"一词的创
造者。——译者注

104. 永田洋子：（1945—2011）"联
合赤军"武装斗争事件的领袖人物，
日本左翼领导人。——译者注

105. 全共斗：全称为"全学共斗会议"，
即全体学生共同斗争组织，是由左翼
学生自发组成的自治团体，在 1969
年 1 月的东京大学学潮中开始形成，
后扩展到全国。——译者注

106. 生活合作社运动：1948 年，日本
政府颁布《消费生活合作社法》，
1951 年根据该法成立了日本生活合
作社联盟。20 世纪 60 年代以后，面
对急速城市化带来的基础生活设施不

足、物价高涨、有害的食品添加剂、
各种环境公害等问题，城市地区的生
活合作社运动得到消费者、居民的支
持，呈现出令人瞩目的发展态势。——
译者注

107. SAISON 集团：以流通为主体的
大集团，旗下包括西武百货和西友。
"SAISON"一词来自法语，意为"季
节"。——译者注

108. VAN：石津谦介创立的常春藤风
格的服饰品牌。——译者注

109. 常春藤服饰：20 世纪 60 年代流
行的一种具有美式传统风格的男性服
饰。常春藤服饰发源于美国东部常春
藤联盟大学的学院风服饰。这种服饰
的造型非常考究，特点是衬衫的领尖
用纽扣固定在衣身上，并在衬衫外面
配上金扣外套。在日本，VAN 品牌
夹克的创始人石津谦介经常身穿常春
藤服饰，在他的影响下，这种服饰在
日本深受追捧。另外，常春藤服饰登
上《平凡 punch》《男人俱乐部》等
杂志后，也使日本男性对时装的关注
度大大提高。

110. 集体就业：在日本高度经济成长
期（20 世纪 50 年代到 80 年代）存
在的一种就业形式，指地方的初中或
高中应届毕业生很多人一起到大城市
的工厂或商店就业。——译者注

111. 1968 年，当时十九岁的永山则
夫在东京、京都、函馆、名古屋这四
个城市共射杀了四人。作为杀人魔

头及广域重要案件的杀人犯，永山于 1969 年被逮捕。他在狱中写下的诗集《无知的眼泪——献给前途无量的中学毕业的你们》（合同出版社，1971 年）成为畅销书。永山的罪行因无知而起，而这种无知又源于他的贫困。他出生在一个极其贫穷的家庭，并先后经历了家庭分崩离析、集体就业（1965 年）、失业等多重不幸。在入狱之后的创作活动中，永山对自己犯下的罪行有所悔悟。而永山发出的贫困群体对社会不公的控诉，以及他对充满矛盾的日本社会提出的质问，给当时的有识之士及作家产生了巨大的影响。永山被判处死刑后又被改为无期徒刑减刑，不久又被判处死刑，他的判决结果在这两种刑罚中被反复修改，最终永山于 1997 年被处以死刑。此时他入狱 28 年，死时已经 48 岁。

112. 甲壳虫乐队（Beatles）：英国摇滚乐队，1960 年成立于英格兰利物浦市，由约翰·列侬、林戈·斯塔尔、保罗·麦卡特尼和乔治·哈里森四名成员组成。1970 年该乐队正式解散。——译者注

113. 庆应男孩：从庆应幼儿园开始升到庆应大学的男孩们，也是多金精英男性的代名词。——译者注

114. 为寻找约定之地——迦南，犹太民族不得不离开埃及，他们背井离乡，遭受迫害。这段历史在《圣经·出埃及记》中被称为"大流散"（diaspora）。与犹太人一样，"团块一代"或因就

职，或为求学不得不离开家乡，到大城市过漂泊不定的生活。他们的命运与犹太人极为相似，因此在《巨大的迷途》一书中，作者三浦展将他们称为"团块流散群体"。

115. 所泽：城市名，位于埼玉县西南部。职业棒球队"西武"队的大本营就在此地。——译者注

116. 窗边族：指在职场内不受重用的职员。此词的由来是因为这类职员的办公座位常被安排在窗边角落位置。——译者注

117. 意思是他们没有从父母那里得到任何财产，除了"个人特质"一无所有。——译者注

118. 寄生虫：由英文的 parasite 而来，意为"寄生"，常与"单身"一词搭配使用，指过了 30 岁仍然与父母生活在一起的单身男女。1999 年，报纸上刊登了社会学家山田昌弘所写的题为"单身寄生虫"的文章，此文登出后，"单身寄生虫"成了流行语。山田昌弘的著作《单身寄生虫的时代》（筑摩书房，1999 年）则成为畅销书。

119. 市村正亲：舞台剧演员，2005 年与比自己小 25 岁的女演员筱原凉子结婚。——译者注

120. 筱原凉子：演员、歌手。与年龄相差 25 岁的市村正亲的结婚曾引起热议，2021 年两人离婚。——译者注

121. 石坂浩二：（1941—）演员、艺人。毕业于庆应义塾大学法学系。20世纪70年代曾连续三年被评为最有人气的艺人。曾出演时代剧《水户黄门》。——译者注

122. 桑原武夫：（1904—1988）法国文学研究者、文学批评家。二战后京都学派核心人物之一，其著作涉及艺术、思想、社会、教育等现代文化的各个方面。——译者注

123. 多田道太郎：（1924—2007）法国文学研究者、评论家。曾任京都大学、明治学院大学教授。——译者注

124. 公营住宅：日本政府为城市低收入者提供的住房保障模式，以出租为主。——译者注

125. 多摩新城：作为"卧城"开发出来的日本最大规模的新城，位于东京西部的多摩丘陵地带。——译者注

126. 第三国人：第二次世界大战结束后，日本被美军占领，除去本国的日本人和美国人以外，当时留在日本的朝鲜人和中国人被称为第三国人，是一种带有歧视的称呼。——译者注

127. 农协：农协观光株式会社，为大型旅行社，隶属于日本农协工会集团。——译者注

128. 美少女恋爱养成游戏：一种可以与美丽动人的二次元美少女进行互动的电子游戏，是特属于日本的文化现

象。——译者注

129. 泛在网络：源于拉丁语ubiquitous，从字面上看就是广泛存在的、无所不在的网络。指无论何时何地，每个人都通过互联网联结在一起，人们可以自由自在地进行信息的交换。

130. 大小姐：出生在优渥家庭的年轻女性。——译者注

131. 雅子：原名小和田雅子，于1993年与当时的皇太子德仁结婚成为皇太子妃，2019年5月1日德仁天皇即位，皇太子妃雅子成为日本国皇后。——译者注

132. 君岛十和子：（1966—）曾做过模特、演员，婚后退出了演艺圈，成为女企业家。——译者注

133. 村上里佳子：（1966—）曾做过演员、艺人。婚后仍然坚持一贯的生活方式，因此被称为"超级主妇"。——译者注

134. 劳动力市场的弹性化：劳动力市场灵活化。1987年《劳动基准法》被修订，企业一改以往的职工固定时间工作体制，采用弹性工作时间、居家办公制度等多种新的工作形式。劳动市场的弹性化也指在劳动环境变化的同时，非正式员工和女性派遣员工增多的现象。

135. 2chanel：日本最大规模的匿名留言网站，1999年由西村博之初

创，该网站上大部分的更新，都是由 2chanel 用户自愿参与的。2017 年网站更名为 5chanel。——译者注

136. 由居住者们亲自设计、建设，并拥有所有权的集体住宅。这种合作住宅的优点是，因为从一开始的设计阶段就是由全体居住者共同参与的，所以他们可以提议把住宅设计成自己喜欢的样式。另外，这种住宅的建设成本低于一般的集体住宅，居住者之间的邻里关系通常比较和睦。

137. 全国共同第一次学力考试：由日本大学入学考试中心实施的针对国立大学及公立大学的统一考试，它标志着日本统一的大学入学考试制度的正式确立。从 1979 年 1 月到 1989 年 1 月，共进行了 11 次考试。该考试现在的名称为"大学入学共同考试"。——译者注

138. 快速风土论：三浦展在 2000 年提出的概念，意思是受城市化的影响，日本城市的周边地区失去地方特色，导致日本各地风景呈现均质化的趋势。——译者注

139. 就业体验制度：学生在学期间作为实习生到企业工作一段时间的制度。在这段时间，学生可以获得与自己未来发展相关的工作体验。通过就业体验，学生可以了解自己是否适合在这个企业工作，同时企业也可以锁定所需的人才，因此越来越多的企业引入了该制度。

140. 职工会议：日本小学、初中、高中定期召开的由学校内部人员（不包括教师）出席的会议，讨论学校运营上的各种问题。——译者注

141. 内定：尚未公布，但公司内部已确定录用应聘者的通知。——译者注

142. 维斯康蒂：Luchino Visconti，全名为卢奇诺·维斯康蒂，1906 年出生于意大利米兰，意大利电影导演、编剧、制片人。——译者注

143. 田中康夫：（1956—）政治家、小说家、长野县前知事。曾当过参众两院的议员。——译者注

144. 南博：（1914—2001）社会心理学家，曾任一桥大学社会学系教授。——译者注

145. 佐藤毅：（1932—1997）社会学家，曾任一桥大学名誉教授，去世时 65 岁。——译者注

146. 大五：日本大学为四年制，这里指毕业当年。——译者注

147.《广告批评》：1979 年创刊的月刊杂志，主要刊登电视广告批评。在 2009 年停刊。——译者注

148. *Hanoko WEST*：作为杂志 *Hanako* 的关西版，于 1990 年创刊的杂志，在 2009 年停刊。——译者注

149. 杉山登志：生于 1936 年，卒于

1973 年。广告影片制作人。曾经在 20 世纪 60 年代到 70 年代展示出过人的才能。他是电视广告业刚刚兴起时的引领者，主要活跃在商业广告领域，曾为资生堂、日产、丰田、莫比尔石油、帝人、明治糕点、森永糕点等企业制作过电视广告。杉山的广告作品以极高的艺术性、新颖并富有美感的画面而大放异彩，曾获得多项国际广告奖以及日本国内的创意 大 奖 "ACC TOKYO CREATIVITY AWARDS" 奖，这也使他成为广告界的宠儿。然而他一直坚持的创作方针与高度经济成长期的企业理念有时并不吻合，这使他夹在两者之间左右为难，并深受折磨，最终他选择在 37 岁那年留下遗书后自杀。他的遗书中这样写道："穷人哪里会知道富人的世界，不幸福的人怎么能描绘出幸福的世界？没有梦想的人如何能售卖梦想……谎言终将会被戳破。"

150. 资生堂：日文名为 SHISEIDO，创立于 1872 年的化妆品品牌。品牌名称源自中文《易经》中的"至哉坤元，万物资生"。——译者注

151. 山之内靖：（1933—2014），社会学家、历史学家。曾任东京外国语大学教授。——译者注

152.《SAISON 的思维方式》：リブロポート出版社，1991 年出版

153. 桥爪大三郎：（1948—）社会学者，现任东京工业大学名誉教授。——译者注

154. JK 法：由文化人类学者川喜田二郎发明出来的技法，取其姓名（KAWAKITA JIRO）的首字母而得名。KJ 法的具体做法是：把想法和信息分成各个单元，并写在卡片上，之后根据收集到的卡片之间的关联进行分组；不断重复这个流程，并将卡片之间的联系赋予某种含义，以此构建出隐藏在背后的逻辑关系。

155. 拉丁人的日本版本：此处指关西人像拉丁人那样，具有热情、开朗、不刻板的性格。——译者注

156. 国立：位于东京都的一个城市，市区面积 8.15 平方千米（为全日本市区面积第五小的城市），一桥大学所在地。——译者注

157. 吉祥寺：东京都武藏野市以吉祥寺车站为中心的区域及同市的广域地域名。吉祥寺是东京都新宿以西的最大商业区，连续几年都被选为东京最受欢迎的居住地区。——译者注

158. 加藤秀俊：（1930—2023）社会学家，评论家。毕业于东京商科大学（现一桥大学）社会学系，曾参与丸山真男等人组成的"思想的科学研究会"。——译者注

159. 梅棹忠夫：（1920—2010 年）文化人类学家，毕业于京都大学理工学院，理学博士。历任京都大学人文科学研究所教授、国立民族学博物馆馆长等职。著有《文明生态史观》《智识的生产技术》等，是京大式卡片法

的发明者。——译者注

160. 京阪神：泛指包括京都、大阪、神户三个大城市在内的关西地区。——译者注

161. 京大式的卡片法：梅棹忠夫发明的一种运用 B6 大小的信息卡片进行信息整理的方法，在他所著《智识的生产技术》一书出版后，被命名为京大式（型）卡片法而流行开来。——译者注

162. 博报堂：创立于 1895 年的广告公司，总公司位于东京都港区。所创作的广告曾两次荣获戛纳广告节最高奖。——译者注

163. 同润会：1923 年关东大地震后成立的基金会，由建筑师担任理事，以提供和改善中产阶级住房为目标，并积极推动钢筋混凝土住宅。——译者注

164. 代官山公寓：作为关东大地震灾后重建计划的住宅小区，于 1926 年建成，主要向工薪阶层出租。虽在 1996 年该公寓被拆除，但它在建筑史上具有很高的历史价值。——译者注

165. 选择缘：本书作者上野千鹤子为女性创造的词语，指女性可以在血缘和地缘以外寻求某种人与人之间的关系，这种纽带就是"女缘"，并且"女缘"是自由且多元的，可以选择，故称"选择缘"。——译者注

166. 知缘：该词由城市规划专家望月照彦提出，意思是不分年龄和出生地，只要志同道合的人就可以聚在一起。——译者注

167. LAFORET：位于东京涩谷区的时尚购物中心。——译者注

168. VIVRE：永旺集团旗下的主打年轻人服饰的商场。——译者注

169. "PARCO"观：吉见俊哉在《真实过境》（纪伊国屋书店，1996 年出版）一书中指出，作为"迪士尼化的都市"，20 世纪 70 年代的涩谷 PARCO 公园大道的街道设计不是出于现代城市规划的想法，更像是影棚为拍摄电影所制作的布景。这种将媒体的可能性融入街道布局的手法就跟杂志首页的广告如出一辙，只不过前者是以三次元的形式呈现出来罢了。最后，吉见得出了这样的结论：对城市空间进行包装的战略就是将城市"迪士尼化"。另一位社会学者北田晓大在《广告都市——东京》（广济堂出版社，2002 年）一书中写道：我们通过不经意的漫步（在 PARCO 一带），接收了 PARCO 的文化，我们的欲望归根到底会被 PARCO 的文化所操控（按照柏木博的说法）。人们在 PARCO 这个空间里，通过商品与某种"符号"的对应关系编织出个体认同（identity），而作为消费社会的空间装置，PARCO 把这些身处其中的人们包裹在了一个外部缺失的"符号空间"（封闭的符号系统）里。

170. 吉见俊哉：（1957—）社会学家，东京大学教授，曾任东京大学副校长。著有《后战后社会》《平成时代》等。——译者注

171. 废墟一代：1935—1946 年出生的人，他们的童年时代是在第二次世界大战中度过的。——译者注

172. 血色五一：1952 年 5 月 1 日发生的日本警察与游行队伍的冲突事件。为抗议吉田茂政府签订《旧金山对日和约》、《日美安全保障条约》和制定《防止破坏活动法》，以及反对政府禁止使用皇宫前广场作为劳动节活动场所的规定，东京数十万群众举行示威游行。游行队伍进入皇宫前广场时，遭警察镇压，死 2 人，重伤 300 多人，1200 人被捕。——译者注

173. 天堂剧场：成立于 1967 年的前卫剧团。剧场名字源于马塞尔·卡尔内导演的电影《天堂的孩子》。——译者注

174. 状况剧场：成立于 1964 年的前卫剧团。20 世纪六七十年代，与天堂剧场一起在日本掀起了前卫戏剧的潮流。——译者注

175. 川久保玲：(1942—)服装设计师，毕业于庆应义塾大学。她的设计独创风格十分前卫，融合东西方的概念，被服装界誉为"另类设计师"。——译者注

176. 三宅一生：（1938—2022）服装设计师。在造型上，他开创了服装设计上的解构主义设计风格，其设计的独创性已远远超出了时代的和时装的界限。——译者注

177. 日本第一：美国经济学者傅高义在 1975 年对日本的社会结构进行了调查，他充分肯定了日本经济实现的高速发展，同时作为对"美国的经验教训"，他写下了名为《日本第一》（TBS 百科全书出版社，1979 年）的日本论著，该书在日本卖出 68 万册，成为畅销书。

178. 大泽真幸：（1958—）社会学家，曾任京都大学教授，著有《身体的比较社会学》《民族主义的由来》。——译者注

179. M 型模式：在日本，女性进入职场工作一段时间后，通常因结婚、生育而离职，在完成养育孩子的任务之后重新就业。而且，女性到了一定年龄之后会退休，因此她们的就业率在此时呈现下降的趋势。如果将女性在每个年龄阶段的就业率用图表示的话，就会成为一个像字母 M 一样的折线图，因此被称为 M 型就业。

180. 劳动力市场弹性化政策：由英文的 labor market flexbility 而来。从 20 世纪 80 年代开始，以小时工为代表的非正式劳动者越来越多。在世界范围内来看，固定形式的正式雇佣形态被打破，劳动者的雇佣形式、劳动时间均呈现多样化趋势。在日本，正式雇佣与非正式雇佣之间的待遇存在巨

大的差距，因此也成为社会问题。

181. 高岛屋：创立于 1829 年的大型高端百货公司连锁店。其总店设于大阪府大阪市，在日本国内拥有 20 余家连锁店。——译者注

182. 上智大学：位于东京的私立天主教会大学，由世界最大的教育机构运营组织耶稣会于 1913 年创立，与早稻田大学、庆应义塾大学被称为"日本私立三大名校"。1957 年之前该大学只招收男生，但现在女生的比例较大，难考程度低于早稻田大学和庆应大学。——译者注

183. Recruit：日本最大的招聘机构，也是全球领先的综合人力资源服务商。1960 年成立，2014 年在东京证券交易所上市，市值很快达到 9 万亿日元，位列日本上市企业规模前十，与 KDDI、软银集团等公司相仿。——译者注

184. 波希米亚风：一种保留着某种游牧民族特色的服装风格，其特点是鲜艳的手工装饰和粗犷厚重的面料。代表浪漫化、自由化，也代表一种艺术家气质，一种时尚潮流，一种反传统的生活模式。——译者注

185. 堤清二：（1927—2013），实业家、小说家、诗人。大学时代积极参加反战集会和左翼学生运动，为活跃于 20 世纪 60 年代知名的左翼学生运动领袖之一，曾任 SAISON 集团总裁。——译者注

186. 扶轮社：始建于 1905 年，是世界上历史最悠久的服务性社团组织，在 168 个国家和地区设有 3200 个社会机构。——译者注

187. 创业者利益：公司的创业者将自己拥有的股东权益转让或出售给他人时获得的利益。——译者注

188. 辻井乔：与堤清二为同一人，辻井乔是他在文坛的笔名。他的与法国作家加缪的小说同名的诗集《异邦人》获得第二届"室生犀星诗歌奖"后，在日本引起了不少诗人和批评家的关注。——译者注

189. 法人资本主义：近年来出现的一种理论观点。这一观点认为，由于股权的分散化，以及资本所有权与企业经营权日益分离，已不再存在私人垄断资本，资本主义因之已进入了法人资本主义的阶段。在这一阶段，大企业的所有者已不再是少数垄断资本家，而是众多的股东（包括机构投资者），因而使企业成为一个个独立的法人，由代表股东和企业的经理人员来经营和管理。——译者注

190. 贱民资本主义：马克斯·韦伯在《新教伦理与资本主义精神》一书中提出，犹太人的资本主义是贱民资本主义（Pariah Capitalism），这是以高利贷、期票支付、投机取利为核心的非生产性的资本主义。——译者注

191. 三越：日本历史最悠久、最高档的大型百货公司之一。总部设在东京。

始于江户时代的日式和服商店"越后屋"。1904 年成为当时日本第一间百货店，之后便开始以百货店的形式继续经营。——译者注

192. 川添登：（1926—2015）建筑评论家，1953—1957 年任杂志《新建筑》的主编，引领了日本的建筑思潮。——译者注

193. 鹤见俊辅：（1922—2015）思想家、文化评论家、社会运动者。曾任教于京都大学、同志社大学，与丸山真男、都留重人等人组成"思想的科学研究会"，其主导的刊物《思想的科学》为二战后日本最负盛名的思想杂志，著有《战后日本大众文化史》《战争留下了什么》等。——译者注

194. 永井良和：（1960—）社会学家，现任关西大学教授。——译者注

195. 熊谷真菜：（1961—）饮食和生活文化研究家，现任"全日本饮食学会"的理事。——译者注

196.《章鱼丸子》，リブロポート出版社，1993 年出版

197. 米山俊直：（1930—2006）文化人类学者，曾任京都大学名誉教授，国际京都学协会理事长。——译者注

198. 近卫圆舞曲：创立于 1964 年的京都大学人类学研究会的名称。——译者注